KLEINE AUSZEITEN IN

-THÜRINGEN-

AF630164

KLEINE AUSZEITEN
IN

-THÜRINGEN-

RAINER D. KRÖLL

WOCHENEND & WOHNMOBIL

CAMPING- & STELLPLÄTZE · HIGHLIGHTS · AKTIVITÄTEN

BRUCKMANN

INHALT

Der Palas in der Wartburg wurde im 12. Jahrhundert eingebaut.

THÜRINGEN

Das grüne Herz Deutschlands

◀ Wegweiser im Thüringer Wald ▲ Die Wachsenburg ▼ Haus mit Schieferdach

Thüringen ist das perfekte Reiseland für abwechslungsreiche Entdeckungen - nicht umsonst führen die touristischen Routen Deutsche Fachwerkstraße, Naturparkroute Thüringer Wald, Deutsche Alleenstraße, Burgenstraße Thüringen und andere Ferienstraßen durch das Bundesland. Vier UNESCO-Welterbestätten, der Nationalpark Hainich, die Wartburg, die Bauhaus-Stätten in Weimar und nicht zuletzt das Klassische Weimar sind starke Argumente für Thüringen.

Wer Thüringen bereist, erlebt gegensätzliche Landschaften, die in der Geografie und Geologie begründet sind. Die offenen Fernen der teilweise vulkanischen Rhön verführen zum Träumen. In den tiefen Wäldern des Thüringer Waldes wirkt Magie. Der seit dem 9. Jahrhundert existierende Rennsteig über den Kamm des Thüringer Waldes ist historische Zeitreise und landschaftlicher Genuss zugleich. Thüringen ist aber auch das Land der Dichter und Denker, das im 18. und 19. Jahrhundert zum Zentrum deutscher Kultur wurde. Das »schwarze Gold« aus dem Thüringer Schiefergebirge gibt den Dörfern ein eigenes Gesicht. Der Blick vom Kyffhäuser über die Goldene Aue inspiriert die Sinne. Sehenswertes erwartet Gäste an zahlreichen geschichtsträchtigen Orten, in Museen und Burgen. Städte wie Treffurt, Eisenach, Bad Langensalza und Schmalkalden zeigen ihre mittelalterliche Kultur an der Deutschen Fachwerkstraße. Und die Kette der Stauseen, das »Thüringer Meer«, erfüllt die Träume der Wassersportler und Badenixen ... Vielfältige Entdeckungen in Natur und Kultur sind garantiert.

REISEN IN THÜRINGEN

Mit dem eigenen kleinen Wohnmobil kommt man ganz bequem überall hin. Auf kleineren Ortsverbindungsstraßen in abgelegenen Gegenden stoßen größere Wohnmobile an ihre Grenzen. Besonders Parkplätze an den Sehenswürdigkeiten und in Städten können ein Problem darstellen. Glücklich, wer ein E-Bike besitzt.

In den kleinräumigen Zielgebieten empfiehlt es sich, von einem Camping- oder Stellplatz aus alles Sehenswerte zu erkunden. Das Wohnmobil kann stehen bleiben und das gut ausgebaute Netz der öffentlichen Verkehrsmittel oder das eigene Fahrrad für Entdeckungen genutzt werden. In der Saison werden auch touristische Buslinien angeboten, damit man die langen Wanderrouten schaffen kann (Auskunft erhält man in den örtlichen Touristinfos). Ein Kontakt zu den Fremdenverkehrsbüros lohnt immer, denn es stehen oft Fahrpläne, besondere Tickets und Gästekarten zur Verfügung, die Vergünstigungen bedeuten. Auch in den Städten gibt es für Touristen eigene Ticketangebote für den öffentlichen Verkehr, Museen und Führungen.

CAMPING- UND STELLPLÄTZE

Ein »hübsches Plätzchen« für das Wohnmobil, auf dem man sein Zuhause auf Zeit einrichtet, findet sich in Thüringen immer. Dafür sorgen Hunderte ausgewiesene Wohnmobilstellplätze. Diese liegen zum Beispiel in direkter Nachbarschaft der zahlreichen Thermen oder auch nur einen Steinwurf von den historischen Altstädten entfernt, die man oft in wenigen Minuten zu Fuß erreichen kann. Auch Campingplätze, meist in schöner Natur, sind quer durch Thüringen zu finden. Mit dem Stell- oder Campingplatz als Basis eröffnet sich eine Vielfalt an Freizeitmöglichkeiten und Besichtigungstouren – vielleicht eine Kulturtour, eine Landpartie mit dem Rad oder Wasserwandern? Oder lieber eine Wanderung durch Wälder zu Felsen und Aussichtspunkten? Bei Wohnmobiltouren in Thüringen ist alles möglich (www.thueringen.info/campingplaetze.html).

In Thüringen sind gute Campingplätze zu finden – wie hier im Hainich.

Die Märkte in den Städten bieten ein herrliches Angebot dar.

ZIELE UND AKTIVITÄTEN

Die Ziele in diesem Buch stellen Kurztrips für die Reise mit dem Wohnmobil dar. Dabei kann nach Lust und Laune zwischen Städtetouren, Naturgebieten und stiller Urlaubsgegend gewählt werden. Es sind Ziele mit Kultur, Genuss, Abenteuer, Natur und Erholung. Natürlich lassen sich die einzelnen Ziele auch für einen längeren Aufenthalt kombinieren. Die Websites vieler Städte und Fremdenverkehrsregionen können bereits im Vorfeld für die Urlaubsplanung genutzt werden. Empfehlenswerte Führer durch die Regionen sind zudem die Internetadressen www.thueringen-entdecken.de und www.thueringen.info.

Auch Beispiele für Wanderungen, Radtouren oder kulturelle Unternehmungen finden sich zuhauf, denn das grüne Thüringen ist ein herrliches Wandergebiet. Fernwanderwege wie der Rennsteig und unzählige Themenwanderwege durchziehen die Täler und Höhen. Alle Pfade sind im Gelände bestens ausgeschildert. Einige der Wandervorschläge sind dem Buch »Mystische Pfade Thüringen« des Verfassers (Bruckmann Verlag) entnommen, in dem sich genaue Wegbeschreibungen befinden. Manche der ausgeschilderten Radwege folgen steigungsarm den Flüssen. Der Rennsteig-Radweg ist hingegen schon anspruchsvoller. Über weitere Freizeitangebote und -aktivitäten geben die Touristinfos oder entsprechende Internetplattformen (www.tourenportal-thueringer-wald.de, www.radtourenplaner.thueringen.de) Auskunft.

In den Werraauen bei Creuzburg waltet pure Natur.

BÜCHER, KARTEN UND BROSCHÜREN

Reiseführer, Wander- und Radwegkarten sind im Buchfachhandel erhältlich, zum Beispiel die Wanderkarten 1:50.000 der Landesvermessungsämter (tlbg.thueringen.de). Die örtlichen Touristinfos und überregionalen Fremdenverkehrsämter halten meist kostenlose Informationsbroschüren und Karten bereit. Darunter sind auch Broschüren oder Übersichtskarten für spezielle Interessen zu finden wie zum Beispiel Radkarten, eine Übersicht zu Museen, Campingplätzen, Wandertipps, Erlebnisse für Kinder, Wellness und vieles mehr. Wer möchte, kann sich das Material von den örtlichen Touristinfos bereits vorab schicken lassen. Die jeweiligen Adressen sind im Abschnitt „Auf einen Blick“ angegeben.

KLIMA UND WETTER

In der feucht-gemäßigten Klimazone Thüringens beträgt die jährliche Niederschlagsmenge im Thüringer Becken 400 und im Thüringer Wald bis zu 1000 Liter pro Quadratmeter. Thüringen ist mit einer durchschnittlichen Tageshöchsttemperatur von nur 13 Grad nicht die wärmste Region

in Deutschland. Die Jahresmitteltemperatur hängt von der Höhenlage ab und liegt bei bis zu sechs Grad in den Kammlagen des Thüringer Waldes und bei bis zu zehn Grad im Thüringer Becken. Für die momentanen Wetteraussichten eines bestimmten Ortes benutzt man am besten eine der örtlichen Wetterstationen oder bekannte Internetplattformen (www.wetteronline.de).
Sicherlich ist ein Urlaub in Thüringen während der Sommermonate am vielfältigsten. Dennoch: Herrlich ist auch der Herbst mit seinen unvergleichlichen Farben – und das Wetter kann sogar stabiler sein als im Sommer. Wer Blumen liebt, wird sich eher am Frühling oder Frühsommer orientieren. Aber auch der Winter hat seine Reize. Nicht nur die Weihnachtsmärkte in den romantischen Städten sind berühmt.

REGIONALE KÜCHE

In Thüringen arbeiteten die Menschen einst vor allem in der Landwirtschaft und im Bergbau – und benötigten für ihre anstrengenden Tätigkeiten entsprechende Kalorien. Die Zutaten der traditionellen Thüringer Küche kamen und kommen heute noch aus Wald, Feld und Stall. Sie ist bekannt für ihre fleischlastige, bodenständige Hausmannskost. Spezialitäten wie Thüringer Rostbratwurst, Rostbrätel oder Thüringer Klöße sind weltweit bekannt. Ein Rostbrätel ist eine marinierte Scheibe vom Schweinenacken,

Zur berühmten Thüringer Bratwurst gehört der gute Thüringer Senf.

die über Holzkohle gegrillt wird. Das klassische Sonntags- und Festessen sind auch heute noch Thüringer Klöße mit Apfelrotkohl, Rinderrouladen und einer fetten Bratensoße – und dazu vielleicht ein Schwarzbier, schließlich gibt es in Thüringen gute Brauereien.

GEOLOGIE

Wie schon erwähnt, ist die Geologie Thüringens vielfältig:. Das Schiefergebirge zeigt stark gefaltete Schichten. Die höchsten Berge im Thüringer Wald wurden durch magmatische Gesteine gebildet. Im Thüringer Becken und im Südwesten des Landes wiederum überwiegen die Ablagerungen des Zechsteinmeeres. Tertiäre Vulkanite sind für die Kuppen der Rhön verantwortlich. Das Kyffhäuser-Gebirge und auch der Harz haben sich als Scholle aus variszischem Gestein über die Ablagerungsschichten herausgehoben und zeigen an der Oberfläche magmatische Granite. So haben die unterschiedlichsten Gesteine und geologische Strukturen die reizvolle Landschaft Thüringens geformt. Teile davon waren in den Kaltzeiten von Eis bedeckt, wodurch schöne Flusslandschaften entstanden sind. Der berühmteste Fossilienfund ist der *Homo erectus bilzingslebenensis*. Es war eine Sensation, als im Travertingestein eines alten Steinbruchs

Thüringen besitzt viele Schlösser wie das über Schwarzburg.

Von manchen Burgen stehen nur noch Ruinen – hier die der Arnsburg.

die Überreste dieses Urmenschen gefunden wurden. Er hatte vor etwa 370.000 Jahren seinen Lagerplatz am Nordrand des Thüringer Beckens. Die Entdeckung gehört zu den frühesten Menschenfunden in Mittel- und Nordwesteuropa (www.steinrinne-bilzingsleben.com).

THÜRINGEN IM WANDEL DER GESCHICHTE

Der *Homo erectus* setzte in der Altsteinzeit 370.000 v. Chr. seine Spuren im heutigen Thüringen. Zu Beginn der Eisenzeit (800 v. Chr.) wanderten Kelten und Germanen ein. Der westgermanische Stamm der Thüringer ist im 5. und frühen 6. Jahrhundert n. Chr. belegt. Bis zum 9. Jahrhundert gehörte Thüringen dem Frankenreich an. Nach ottonischer, salischer und staufischer Herrschaft entstand 1131 die Landgrafschaft Thüringen der Ludowinger. Die Wettiner Markgrafen, Schwarzburger, Reußen und Henneberger herrschten bis zum 15. Jahrhundert. Ab dem 16. Jahrhundert bildete sich die Kleinstaaterei mit 20 Regentschaften aus. Vom 16. bis zum 19. Jahrhundert formte sich Thüringen aber auch zum Kulturland. 1919 tagte die Nationalversammlung in Weimar mit der Verabschiedung der Verfassung der Weimarer Republik, und 1920 wurde aus den Kleinstaaten der Freistaat Thüringen gegründet. Nach dem Zweiten Weltkrieg geriet Thüringen unter sowjetische Besatzung und wurde 1949 Teil der DDR. Nach der Wende gründete sich 1990 das Bundesland Thüringen im wiedervereinten Deutschland.

ERFURT

Sympathische Metropole an der Via Regia

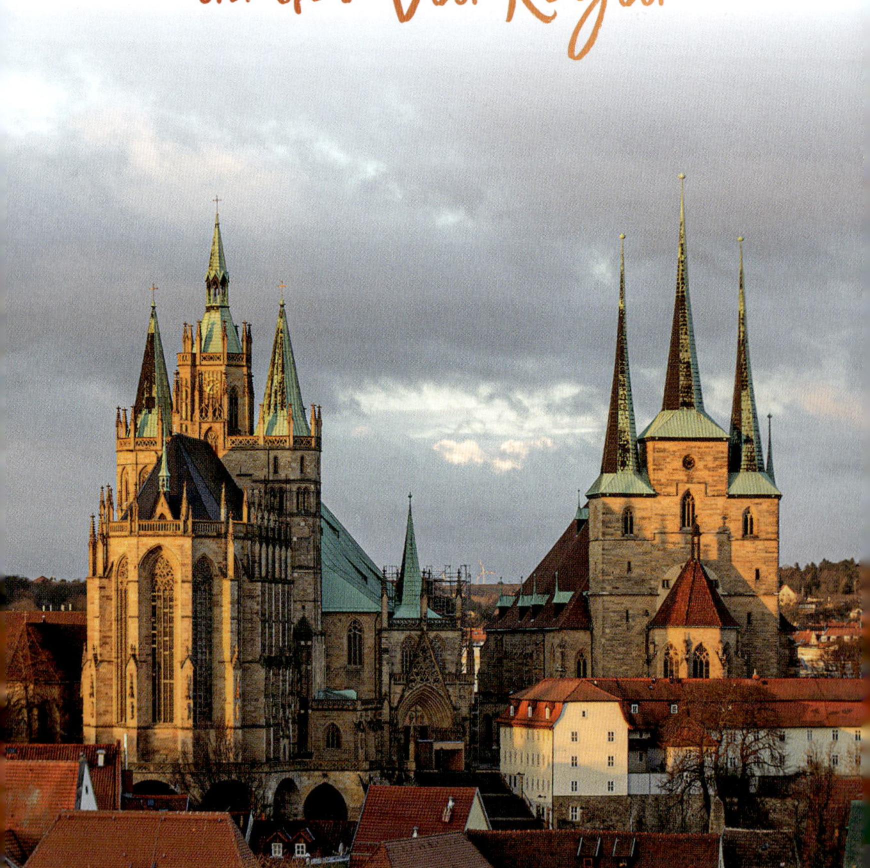

Der Dom und die Severikirche bilden ein einzigartiges Ensemble.

1

Martin Luther urteilte: »Erfurt liegt am besten Ort. Da muss eine Stadt stehen.« Er lebte als Mönch im Augustinerkloster und wurde im Dom zum Priester geweiht. Der Domplatz und die Krämerbrücke sind die bekanntesten Sehenswürdigkeiten, die Stadt bietet jedoch mehr Glanzpunkte, als an einem Tag zu erfassen sind.

Die Landeshauptstadt Thüringens besitzt einen der größten erhaltenen mittelalterlichen Stadtkerne Deutschlands. Die reizvollen Ensembles aus reichen Patrizierhäusern und rekonstruierten Fachwerkhäusern werden vom Dom Sankt Marien und der Severikirche überragt. Über dem Domplatz steht auf dem Petersberg die einzige barocke Stadtfestung Mitteleuropas. Doch Erfurt ist nicht nur ein architektonisches Juwel, sondern auch Mittelpunkt einer über 1250 Jahre gewachsenen Kultur. Die Stadt war und ist wirtschaftliches, geistiges, kulturelles und politisches Zentrum Thüringens.

STADTHISTORIE

Erphesfurt wurde erstmals im Jahr 742 urkundlich erwähnt. 802 wird eine karolingische Pfalz auf dem Petersberg genannt. Im Jahr 805 erklärte Karl der Große Erfurt zu einem Grenzhandelsplatz seines Frankenreiches. Durch die Lage an der Handels- und Militärstraße Via Regia konnte sich die Stadt bereits im Mittelalter als bedeutender Umschlagplatz etablieren. Als Erfurt im Jahr 1066 mit einer Stadtmauer gesichert wurde, war dies eine der frühesten Stadtbefestigungen Deutschlands. 1379 gründete sich in der Stadt die erste und älteste Universität auf deutschem Boden. Im 14. und 15. Jahrhundert stellte sich Erfurt als mittelalterliche Großstadt in Konkurrenz mit Handelsstädten wie Köln und Nürnberg.

Tipp

Klassische **Stadt-** und einige **Themenführungen** können in der Touristinfo gebucht werden, wo zudem ein touristischer Stadtplan sowie ein Stadtplan für Kinder, die man auch downloaden kann, erhältlich sind. Außerdem gibt es dort die kostenlose **ErfurtCard** oder die **ErfurtTravelCard.** Sie gilt 48 Stunden. Zu den Vorteilen zählen die kostenlose Stadtführung »Erfurt – Faszination einer historischen Stadt erleben« und kostenfreie Museumsbesuche. (www.erfurt-tourismus.de).

1

RUND UM DEN DOMPLATZ

Am besten beginnen wir den Stadtrundgang vom zentral gelegenen Domplatz, der mit öffentlichen Verkehrsmitteln gut erreichbar ist. Der **Domplatz** ist zweifellos einer der schönsten Plätze Deutschlands und auch heute noch ein Markt- und Festplatz in imponierender Szenerie der reichen Häuser aus dem 16. und 17. Jahrhundert und des Kirchenensembles des evangelischen, **spätgotischen Doms** und der katholischen, frühgotischen Severikirche. 70 Stufen führen auf den Domberg, der wie der Petersberg frühmittelalterliches Siedlungsgebiet war. An Stelle des Doms stand im Jahr 742 bereits eine romanische Bischofskirche. Das Aussehen des heutigen Doms ist das Werk von Jahrhunderten. Im mittleren, über 80 Meter hohen Turm hängt die größte freischwingende mittelalterliche Glocke der Welt. Die über elf Tonnen schwere *Gloriosa* wurde im Jahr 1497 gegossen. Der 25 Meter hohe Chor ist ein Meisterwerk hochgotischer Architektur aus dem 14. Jahrhundert. Die farbenprächtigen, 15 Meter hohen Fenster stammen ebenfalls aus dieser Zeit. Lucas Cranach der Ältere schuf um 1522 das Tafelbild der Madonna im nördlichen Seitenschiff. Es ist eines der kostbarsten Kunstwerke im Dom. Der Renaissance-Einhornaltar im Querschiff stammt aus dem frühen 15. Jahrhundert. Die fünfschiffige, ursprünglich romanische **Severikirche** war im 13. Jahrhundert die Stiftskirche der Augustinerchorherren. Zahlreiche Plastiken im Innern stammen aus dem Mittelalter. Im nördlichen Querschiff glänzt ein herrliches Radfenster (www.st-laurentius-erfurt.de).

◀ In Erfurt sind viele Fachwerkhäuser. ▶ Auf dem schönen Domplatz in Erfurt

Blick vom Petersberg zum Dom und zur Severikirche

Westlich des Domplatzes können wir auf dem Panoramaweg zur **Zitadelle auf dem Petersberg** hinaufsteigen und die Aussicht über die Stadt genießen. Im 8. Jahrhundert gründeten Benediktinermönche auf dem Petersberg ein Kloster. Mit dem Bau der Festungsanlage samt ihrer gewaltigen Bastionen wurde 1664 begonnen. Die Reste der romanischen **Klosterkirche Sankt Peter** wurden in ein Militärmagazin umgebaut. Die Apsiden der Seitenschiffe und Schmuckformen der Hirsauer Bauschule lassen einen prächtigen romanischen Kirchenbau erahnen. Im Petersberg-Besucherzentrum kann eine Führung gebucht werden.

HISTORISCHE ALTSTADT

Wieder unten vor dem Dom, laufen wir von der Mitte des Platzes auf der Marktstraße nach Osten an Häusern aus dem 17. und 18. Jahrhundert und an der Allerheiligenkirche vorbei. Nördlich der Marktstraße liegt das historische **Andreasviertel**. In der engen Kirchgasse gibt es besondere Ansichten. In den kleinen Häusern und romantischen Innenhöfen lebten seit dem 12. Jahrhundert Handwerker.

Im Hof des giebelständigen **Hauses Zum güldenen Rade** in der Marktstraße 50 befinden sich die Reste einer Tabakmühle aus dem 18. Jahrhundert. Die Marktstraße endet am **Fischmarkt** mit dem neogotischen Rathaus. An der Nordseite des Fischmarktes fällt die prächtige Renaissancefassade des Hauses **Zum breiten Herd** aus dem Jahr 1584 ins Auge. Links am Rat-

Erfurt aus der Vogelperspektive – vorne der Fischmarkt

haus vorbei kommen wir zum Benediktsplatz. In der links abgehenden Michaelisstraße befinden sich bis hin zur ursprünglich romanischen Michaeliskirche gotische Häuser und die Dreifaltigkeitskapelle. Die Nummer 10 ist das Haus zum Güldenen Krönbacken mit ehemaligem Waidspeicher, denn Erfurt war einst das Zentrum des Handels mit Färberwaid. Das Haus zum Schwarzen Horn in der Michaelisstraße 48 wurde im 15. Jahrhundert erbaut. Darin wurden viele Flugschriften Luthers und auch sein erstes Gesangbuch gedruckt. In der links abgehenden kleinen Waagegasse gibt es eine lange Front dreigeschossiger Fachwerk-Speicherhäuser aus dem 16. und 17. Jahrhundert. Auf der Michaelisstraße weiter auswärts kommt man in die Grünanlage Venedig, einst ein verzweigtes, sumpfiges Flusssystem. Wieder zurück am Benediktsplatz, geht es links auf die weltberühmte Krämerbrücke. Die Steinbrücke über die Gera stammt aus dem 14. Jahrhundert, doch gab es bereits im 8. Jahrhundert einen hölzernen Vorgängerbau für die Handelsstraße Via Regia. Sie ist mit 120 Metern die längste bebaute und bewohnte Brücke Europas. Die Cafés und kleinen Geschäfte mit allerlei Souvenirs haben sich den Touristenströmen angepasst – einst wurden hier von den Kaufleuten Gewürze, Arzneien, Seide und Papier angeboten. Nicht nur hier an der Krämerbrücke entdecken Kinder die KIKA-Figuren aus dem Kinderkanal. Nördlich der Krämerbrücke befindet sich in der Gera die lauschige Insel mit Namen Dämmchen. Dort ist noch ein alter Waschplatz zu finden. Noch weiter nördlich kommt man

zum 1277 erbauten **Augustinerkloster**. In dem sehenswerten gotischen Kloster lebte von 1505 bis 1511 Martin Luther als Mönch.
Am Ende der Krämerbrücke gelangen wir zum **Wenigemarkt** mit Bürgerhäusern des 19. Jahrhunderts, einst Handelsplatz der Kaufleute aus aller Welt. Rechts schlendern wir nun durch die Kürschnergasse zur Schlösserbrücke, an der die **Neue Mühle** steht. Wenn geöffnet, kann im Mühlenmuseum die Verarbeitung des Korns mit alter Technik beobachtet werden. Auf der Schlösserstraße geht es links nach Osten zum großen Platz **Anger** mit dem Angermuseum. Der Platz war in vergangenen Zeiten dem Handel mit Färberwaid vorbehalten.

FEINKOST Seit 200 Jahren gibt die Feinkostfirma Born ihren Senf dazu. Die Senfmühle steht in der Tradition der Thüringer Senfherstellung. Die Senfsaaten stammen aus Thüringen und tragen das Bio-Label. Das gesamte Sortiment der traditionsreichen Feinkostmarke BORN inklusiv Senf-Museum gibt es am Wenigemarkt 11. www.born-feinkost.de

Die Häuserzeile auf der Krämerbrücke ist einmalig.

1

BLUMEN UND TIERE

Erfurt hat nicht nur eine reiche Tradition als Luther- und Domstadt, sondern auch als Blumenstadt. Südwestlich der Altstadt liegt am internationalen Messegelände der 36 Hektar große **egapark Erfurt**. Der große Ausbau des Blumen- und Gartenparks erfolgte zur Bundesgartenschau im Jahr 2021. Die denkmalgeschützten Parkteile verkörpern über 60 Jahre Parkhistorie. Heute umfasst der egapark verschiedene Themengärten, Spielbereiche, ein Wüsten- und Urwaldhaus, das Schmetterlingshaus, Gastronomie und Veranstaltungsorte. Auch im **Thüringer Zoopark Erfurt** im Norden der Stadt finden Kinder und Erwachsene ihr Glück.

SCHLOSS UND PARK MOLSDORF Vor den südwestlichen Toren Erfurts versteckt sich das ehemalige Wasserschloss Molsdorf hinter den Bäumen. Hier gab es bereits im 16. Jahrhundert eine Burg. Reichsgraf Gustav Adolf von Gotter gestaltete Schloss und Park im 18. Jahrhundert zu einer der schönsten barocken Schloss- und Gartenanlagen Thüringens. Zu den Besonderheiten zählen der holzgetäfelte Festsaal und der Marmorsaal mit seinem festlichen Rokokostuck.

Auf der Insel Dämmchen stehen idyllische Häuser.

▲ Im egapark gibt es viel zu sehen. ▼ Im Park am Schloss Molsdorf

AUF EINEN BLICK

Info

STADT/REGION: Metropole Erfurt
BESTE REISEZEIT: ganzjährig
OPTIMALE REISEDAUER: 2 Tage
TOURISTINFO: Benediktsplatz 1, 99084 Erfurt, Tel. 0361/664 00, info@erfurt-tourismus.de, www.erfurt-tourismus.de

SEHENSWÜRDIGKEITEN

ALTSTADT ERFURT: www.erfurt-tourismus.de
ANGER, ANGERMUSEUM: www.kunstmuseen.erfurt.de
DOM SANKT MARIEN: www.dom-erfurt.de
EGAPARK ERFURT: www.egapark-erfurt.de
KRÄMERBRÜCKE: www.kraemerbruecke.de
SANKT SEVERIKIRCHE: www.st-laurentius-erfurt.de
SCHLOSS MOLSDORF: www.kunstmuseen.erfurt.de
ZITADELLE PETERSBERG: www.petersberg-erfurt.de
ZOOPARK ERFURT: www.zoopark-erfurt.de

STELLPLATZ TOR ZUR STADT ERFURT

ADRESSE: Gothaer Straße 30, 99094 Erfurt, Tel. 0361/65 31 48 20, info@erfurt-wohnmobil.de, www.erfurt-wohnmobil.de
ANFAHRT: Auf der A 71 Ausfahrt 11 Erfurt-Bindersleben und auf der Eisenacher Straße nach Osten und nach dem IKEA rechts in Richtung Messe zum Stellplatz.
GPS: 50.95611, 10.983338
Der kostenpflichtige, ganzjährig geöffnete Stellplatz liegt 4,2 Kilometer vom Domplatz entfernt auf dem schattenlosen Messeparkplatz. 400 Meter zur Straßenbahnhaltestelle P+R-Platz Messe, Linie 2 zum Domplatz Süd (www.evag-erfurt.de). Auf dem Platz sind Sanitäranlagen, Duschen, Waschmaschinen, Küche, Stromanschlüsse, Ver- und Entsorgungseinrichtungen. Ein Supermarkt ist einen Kilometer und eine Gaststätte 1,3 Kilometer entfernt. In der Nähe ist der egapark mit verschiedenen Themengärten, Spielbereichen, Wüsten- und Urwaldhaus, Schmetterlingshaus und Gastronomie.

▲ Sonnenaufgang am Erfurt am See ◀ Der Stellplatz Erfurt ist auf dem Messeparkplatz. ▶ Der Campingplatz Erfurt liegt zwischen zwei Seen.

Es gibt noch einen anspruchslosen, aber kostenlosen Stellplatz ohne jegliche Ver- und Entsorgungseinrichtungen auf dem P&R Parkplatz Urbicher Kreuz, Am Herrenberg, 99084 Erfurt, Tel. 0361/664 00, service@erfurt-tourismus.de, www.erfurt-tourismus.de, GPS: 50.949722, 11.094434. Vor dem Platz befindet sich eine Trambahn- und Bushaltestelle.

CAMPINGPLATZ ERFURT AM SEE

ADRESSE: Steinfeld 4, 99189 Erfurt-Kühnhausen,
Tel. 0176/51 75 23 86, mail@erfurtamsee.de, www.erfurtamsee.de
ANFAHRT: Auf der A 71 Ausfahrt 9 Erfurt-Mittelhausen und auf der August-Röbling-Straße nach Norden, auf der Kühnhäuser Straße links und auf der Straße Steinfeld rechts zum Campingplatz.
GPS: 51.039713, 10.978631
Der ganzjährig geöffnete Campingplatz liegt neun Kilometer vom Domplatz entfernt an einem See mit Badestrand und Wassersportmöglichkeiten. Der Wiesenplatz ist kaum beschattet. 400 Meter zum Bahnhof Kühnhausen, Bahn zum Hauptbahnhof Erfurt (www.bahn.de). Auf dem Platz gibt es Sanitäranlagen, Duschen, Stromversorgung, Ver- und Entsorgungseinrichtungen und eine Gaststätte. Ein Supermarkt ist drei Kilometer entfernt. Der Platz liegt am Gera-Radweg (www.gera-radweg.de) und an Wanderwegen zu weiteren Seen.

ARNSTADT

Mittelalterliches Fachwerk und barocker Glanz

Das Freilichtmuseum Hohenfelden, nördlich von Kranichfeld

2

Die Landschaft um Arnstadt liegt im südlichen Teil des Thüringer Beckens. Im Südosten erheben sich die bewaldeten Hügel des Thüringer Waldes. Auch die Kulturstadt Gotha und die Landeshauptstadt Erfurt sind nicht weit entfernt. Und so ist Arnstadt oder der Stausee Hohenfelden ein guter Platz für ein langes Wochenende.

Die charmante Bach-Stadt Arnstadt und ihre nähere Umgebung sind reich an Sehenswürdigkeiten. Das Umland bietet viele Ausflugsziele – Schlösser, Museen und jede Menge Natur. Möglichkeiten für Aktivitäten sind in Arnstadt ebenfalls gegeben, denn am Fluss Gera verläufen der Luther-Weitwanderweg und der Gera-Radweg.

STADTHISTORIE

Arnstadt gilt mit der ersten urkundlichen Erwähnung im Jahr 704 als älteste Stadt Thüringens. Das Stadtrecht wurde ihr aber erst 1266 verliehen. Die romanische und gotische Liebfrauenkirche und die schmalen Gassen mit Fachwerkhäusern stammen aus dem für Arnstadt reichen Mittelalter. In dieser Zeit war die Stadt wichtiger Handelsplatz für Holz, Getreide, Wein und Färberwaid und Zentrum des Tuchgewerbes. Renaissancebauten wie die Ruine des einstigen Wasserschlosses Neideck und das Rathaus erzählen aus dem 16. Jahrhundert. Bis zum 18. Jahrhundert war Arnstadt zudem die Residenzstadt der Grafen von Schwarzburg. 1704 kam Johann Sebastian Bach im Alter von 18 Jahren hierher und erhielt eine Anstellung als Organist.

STADTRUNDGANG

Vom Wollmarkt im Osten der Stadt kommen wir auf der Neideckstraße direkt zum Neuen Palais aus dem 18. Jahrhundert, in dem das Schlossmuseum untergebracht ist. In den Barockräumen werden Möbel und Kunstschätze aus dem fürstlichen Bestand gezeigt. Die Puppenstadt »Mon plaisir« mit ihren Häusern und Stuben aus der barocken Welt und die Abteilung »Bach in Arnstadt« sind fester Bestandteil der Ausstellungen. Schräg gegenüber steht die Schlossruine Neideck. Das Renaissance-Wasserschloss entstand 1560, wurde aber nach der Verlegung der Residenz nicht mehr genutzt und verfiel. Heute ist der 65 Meter hohe Schlossturm begehbar. Vor dem

Turm sind liebevoll gestaltete **Modelle** berühmter Thüringer Bauwerke ausgestellt, hinter dem Schloss weitet sich der **Schlosspark** mit Gärtnerhaus und Theater nach Norden.

Vom Neuen Palais auf der Schloßstraße nach Süden und dann auf der Zimmerstraße rechts kommen wir direkt zur **Johann-Sebastian-Bach-Kirche** aus dem 16. Jahrhundert. In ihr spielte und wirkte der Namensgeber von 1703 bis 1707. Gegenüber der Kirche steht das **Rathaus** von 1586, das im Stil der Niederländischen Renaissance erbaut wurde. Auf dem dreieckigen Platz davor erinnert das **Bach-Denkmal** an den jungen, lässigen Johann Sebastian Bach. An der Ostseite des Marktplatzes weiten sich die schönen Galerien der **Tuchgaden** aus, einst Verkaufsstellen der Arnstädter Kleider- und Tuchwaren. Am westlichen Ende des Marktplatzes geht nach links die Kohlgasse ab. Das Haus mit der Nummer 7 ist das Bach-Haus, das 45 Jahre lang der Familie Bach gehörte. Es lohnt sich, die historischen Stadtteile südlich des Bach-Hauses zu durchstreifen; es gibt viele historisch wertvolle Häuser, Brunnen, eine Stadtmauer und zwei Tortürme.

In Arnstadt steht viel alte Gebäudesubstanz und verbreitet idyllisches Flair.

Der Alteburgturm über Arnstadt ist ein guter Aussichtspunkt.

Schlendern wir vom Marktplatz nach Westen und an der Straßengabelung links, stoßen wir direkt auf das wunderschöne Fachwerkhaus **Alte Papiermühle**. Das Wohnhaus wurde im Jahr 1633 erbaut, das Portal und die Tür mit den Rokokoformen stammen jedoch aus dem 18. Jahrhundert. Gegenüber der Papiermühle steht die **Liebfrauenkirche**, die bis 1330 entstand. Damit zeigt die Basilika den Übergang von der Romanik zur Gotik auf einmalige Weise.

Unter dem Pseudonym **Eugenie Marlitt** gelangte die in Arnstadt geborene Eugenie John mit ihren Romanen, die in der Zeitschrift *Die Gartenlaube* erschienen, zu Ruhm. Aus den Erlösen ihrer Werke ließ sie sich in der heutigen Marlittstraße 9 eine Villa erbauen, die sie 1871 bezog. Sie ist in Privatbesitz und kann leider nicht besichtigt werden.

ALTEBURGTURM Im Süden der Stadt befindet sich auf einem Muschelkalk-Plateau der Alteburgturm mit herrlichem Blick auf Arnstadt und die Umgebung. Auf der Hochfläche befand sich einst eine befestigte Höhensiedlung, die in der Steinzeit, Bronzezeit und Eisenzeit genutzt wurde. www.arnstadt.de

Die Reste des Walpurgisklosters sind ein beliebtes Wanderziel.

ZUM WALPURGISKLOSTER UND TIERPARK Der in einfacher Richtung 2,5 Kilometer lange Spaziergang führt von der Stadt auf dem Weg zur Fasanerie entlang der Gera nach Süden. Am kleinen Tierpark beginnt links der Aufstieg durch Buchenwald zu den Grundmauern des ehemaligen Walpurgisklosters. Vor der Gründung des Klosters um das Jahr 1100 stand an dieser Stelle schon eine keltische Festung. Das Kloster wurde 1309 in die Stadt verlegt und die Gebäude abgebrochen. Geblieben ist ein stiller, mystischer Ort.

RUND UM KRANICHFELD

Im Mittelalter gab es in Kranichfeld bereits zwei Burgen links und rechts des Ilmtals. Im 17. Jahrhundert bauten die Fürsten von Schwarzburg-Rudolstadt die Obere Burg zum Oberschloss Kranichfeld im Stil der Renaissance aus. Doch weite Bereiche des Schlosses gingen bei einem Brand im 20. Jahrhundert unter. Geblieben sind die imposante Fassade als leere Hülle und der Dicke Turm mit der tollen Aussicht über das Ilmtal. Die Niederburg Kranichfeld wurde im 16. Jahrhundert zu einem Schloss umgebaut. Vom Rosengarten besteht eine schöne Aussicht über den Ort. Das Schloss und die Freilichtbühne dienen heute verschiedenen Veranstaltungen. Oberhalb des Schlosses gibt es einen Adler- und Falkenhof, wo beeindruckende Flugvorführungen zu sehen sind.

2

Nördlich von Kranichfeld können Besucher im Thüringer **Freilichtmuseum Hohenfelden** über 35 historische Gebäude mit authentischer Einrichtung aus verschiedenen Zeiten entdecken. Dort ist zu sehen, wie in Thüringer Dörfern früher gebaut, gelebt und gearbeitet wurde. Der Alte Pfarrhof, das Brauhaus und die ehemalige Schule im Dorf Hohenfelden gehören zum Museum.

Tipp

Die **Kunst- und Senfmühle** in dem kleinen Ort Kleinhettstedt südlich von Kranichfeld steht an der Ilm. Sie wurde erstmals im 16. Jahrhundert erwähnt. Die interessante alte Technik und die Herstellung von Senf dürfen besichtigt werden. Im Hofladen können verschiedene Senfsorten erworben werden. www.senfmuehlentenne.de

AUSGANGSPUNKT STAUSEE HOHENFELDEN Der Campingplatz am Stausee Hohenfelden ist ein guter Ausgangspunkt für interessante Wanderungen. Nach Nordwesten zum Dorf Hohenfelden mit Gebäuden des Freilichtmuseums sind es zwei Kilometer. Das Freigelände des Museums am Eichberg im Norden des Dorfes ist weitere 1,5 Kilometer entfernt. Und vom Campingplatz nach Süden sind es durch Wälder und Felder 3,5 Kilometer bis zum Oberschloss Kranichfeld.

◀ Das Freilichtmuseum Hohenfelden ▶ Am Stausee gibt es ein öffentliches Bad.

2

SCHLOSS GROSSKOCHBERG

Seit dem 13. Jahrhundert ist im Dorf Großkochberg ein Rittergeschlecht nachweisbar. Im 18. Jahrhundert erwarb Freiherr von Stein die inzwischen zum **Renaissanceschloss** umgebaute Wasserburg. Josias Freiherr von Stein war Oberstallmeister am Weimarer Hof, und seine Frau Charlotte von Stein wurde zur seelenverwandten Freundin Johann Wolfgang von Goethes. Heutiger Eigentümer des Schlossensembles und des herrlichen **Landschaftsparks** ist die Klassik Stiftung Weimar. Eine Besonderheit ist das **Liebhabertheater**, das Charlotte von Steins Sohn errichten ließ. Erwähnenswert ist zudem der nördlich vom Schloss aufragende **Blassenberg**, auf dem es die größte Vielfalt an Orchideenpflanzen in ganz Deutschland gibt.

TANNRODA

Der Ort Tannroda wurde 1103 erstmals urkundlich erwähnt und erlangte bereits 1403 das Stadtrecht. Das Korbmachergewerbe spielte in früheren Zeiten eine gewisse Rolle. Der Ort hatte sich im Schutz der Burg und Herrschaft Tannroda entwickelt, die ebenfalls Anfang des 12. Jahrhunderts entstand. Weil sie im 15. Jahrhundert im Besitz eines berüchtigten Raubritters war, wurde die Burg zerstört. Im 16. und 17. Jahrhundert erbaute man an dessen Stelle zwei Schlösser. Das ziegelgedeckte Rote Schloss brannte jedoch ab, und aus dessen Steinen wurde die nebenstehende **Michaeliskirche** errichtet. Das schiefergedeckte Blaue Schloss wurde zu einem Rittergut. Heute sind einige Teile des Schlosses saniert, und der 22 Meter hohe **Bergfried** dient als Aussichtsturm mit wunderbarem Blick über das mittlere Ilmtal. Im Gebäude mit den Laubengängen wurde das **Thüringer Korbmachermuseum** eingerichtet.

AUF DEM ILMTAL-RADWEG Der Ilmtal-Radweg ist über 120 Kilometer lang und folgt dem Flüsschen vom Thüringer Wald über Weimar bis zur Mündung in die Saale nach Bad Sulza. Die Strecke ermöglicht eine Reise durch schönste Natur- und Kulturlandschaften. Der Radweg erschließt eine ganze Reihe von berühmten Sehenswürdigkeiten in Ilmenau, Kranichfeld, Bad Berka, Weimar, Tiefurt, Kromsdorf, Oßmannstedt und Bad Sulza. www.ilmtal-radweg.de

▲ Oberhalb von Großkochberg steht ein Aussichtsturm. ◀ Die Kirche am Schloss Tannroda ▶ In der Vorburg der Niederburg Kranichfeld

AUF EINEN BLICK

Info

STADT/REGION: Arnstadt, Kranichfeld, Großkochberg, Ilmkreis
BESTE REISEZEIT: April bis Oktober
OPTIMALE REISEDAUER: 2–3 Tage
TOURISTINFO: Markt 1, 99310 Arnstadt, Tel. 03628/60 20 49, information@arnstadt.de, www.bachstadt-arnstadt.de

SEHENSWÜRDIGKEITEN

ALTSTADT ARNSTADT: www.arnstadt.de
SCHLOSSMUSEUM: www.kulturbetrieb-arnstadt.de
BACH-KIRCHE: www.kirche-arnstadt.de
SCHLOSSGARTEN MIT THEATER: www.arnstadt.de
SCHLOSS GROSSKOCHBERG: www.klassik-stiftung.de, www.liebhabertheater.com
ADLER- UND FALKENHOF KRANICHFELD: www.kranichfeld.de, www.falkenhof-kranichfeld.de
KRANICHFELDER SCHLÖSSER: www.kranichfeld.de
BLAUES SCHLOSS TANNRODA: www.gemeinschaft-burg-tannroda.de
THÜRINGER FREILICHTMUSEUM: www.freilichtmuseum-hohenfelden.de
THÜRINGER KORBMACHERMUSEUM: www.thüringer-korbmachermuseum.de

STELLPLATZ ARNSTADT

ADRESSE: Wollmarkt 19, 99310 Arnstadt, Tel. 03628/60 33 79, info@bad-arnstadt.de, www.bad-arnstadt.de
ANFAHRT: Auf der A 71 Ausfahrt 13 Arnstadt-Nord und auf der L 1044N nach Westen. Am Kreisverkehr auf der Ichtershäuser Straße links nach Süden, am nächsten Kreisverkehr geradeaus, an der Kreuzung auf der Ritterstraße links und nach der Rechtskurve links auf der Neideckstraße zum Parkplatz Wollmarkt mit dem Stellplatz neben dem Fischtor.
GPS: 50.835287, 10.954423

◀ Fischtor am Stellplatz Arnstadt ▶ Auf dem Campingplatz Hohenfelden

Der kostenpflichtige, ganzjährig geöffnete Stellplatz liegt 800 Meter vom Zentrum entfernt an einer Bahnlinie. Der Platz ist kaum beschattet. 200 Meter zur Bushaltestelle (www.iov-ilmenau.de). Im Preis sind Strom und ein Eintritt für das Hallenbad am Platz enthalten. Es gibt sonst keine Ver- und Entsorgungseinrichtungen. Ein Supermarkt und Restaurants sind 600 Meter entfernt. Am Fluss Gera verläuft der Gera-Radweg (www.gera-radweg.de) und der Lutherweg (www.lutherweg.de). Kranichfeld und das Freilichtmuseum sind 18 Kilometer entfernt. Eine besondere Fahrradtour führt in das zehn Kilometer lange Jonastal westlich von Arnstadt, einen engen Geländeeinschnitt im Muschelkalk. In dem Naturschutzgebiet wachsen seltene Orchideen und andere Spezialisten auf den kargen Kalkböden.

CAMPINGPLATZ HOHENFELDEN

ADRESSE: Am Stausee 9, 99448 Hohenfelden,
Tel. 036450/420 81, info@campingplatz-hohenfelden.de,
www.campingplatz-hohenfelden.de

ANFAHRT: Auf der A 4 Ausfahrt 47a Erfurt-Ost und auf der L 1052 nach Südosten. Nach der Talsperre Hohenfelden und vor dem Großparkplatz rechts zum Campingplatz.

GPS: 50.871941, 11.179423

Der ganzjährig geöffnete Campingplatz liegt drei Kilometer von Kranichfeld entfernt am Ufer der Talsperre Hohenfelden. Der Wiesenplatz ist teilweise beschattet. 700 Meter zur Bushaltestelle (www.evag-erfurt.de). Auf dem Platz gibt es Sanitäranlagen, Duschen, Waschmaschine, Stromanschlüsse, Ver- und Entsorgungseinrichtungen und eine Gaststätte. Ein Supermarkt befindet sich in Kranichfeld. Das Thüringer Freilichtmuseum in 3,5 Kilometer Entfernung ist auf stillen Wegen mit dem Fahrrad oder zu Fuß gut zu erreichen.

RUND UM GOTHA

Prachtvolle Kulturstadt

Das Museum in der Ruine der Mühlburg steht hoch über dem Ort Mühlberg.

3

Gotha ist eine der schönsten Residenzstädte in Thüringen, denn das schöngeistige Haus der Herzöge von Sachsen-Coburg und Gotha hinterließ großartige Werke der Architektur und Kunstsammlungen. So erstrahlt die Kulturstadt auch heute noch in erstklassiger musealer Landschaft und auserlesener Kunst.

Wer die 158 Stufen auf den Bürgerturm Gotha auf dem Krahnberg im Nordwesten der Stadt steigt, dessen Auge schweift über ein liebliches Landschaftsmosaik aus Wäldern, Feldern, Dörfern und Wiesen. Zu Füßen liegt die Stadt Gotha, über der das monumentale Schloss Friedenstein thront. Wie wahr doch die Worte Goethes, die auf einer Tafel am Bürgerturm angebracht sind: »Warum in die Ferne schweifen? Sieh, das Gute liegt so nah.«

STADTHISTORIE

In einer Urkunde Kaiser Karls des Großen gab es im Jahr 775 die erste Erwähnung der *villa gotaha*. Im 12. Jahrhundert wurde Gotha dann als Stadt genannt, in der im 16. Jahrhundert Martin Luther predigte. Herzog Ernst der Fromme erhob sie im 17. Jahrhundert zur Residenzstadt. Später übernahmen das Herzoghaus Sachsen-Coburg und Gotha die Regentschaft. 1918 wurde aus dem Herzogtum der Freistaat Sachsen-Gotha – bis zur Bildung des Landes Thüringen im Jahr 1920.

SCHLOSS FRIEDENSTEIN

Heute beeindruckt das 1250-jährige Gotha mit zahlreichen Kulturschätzen. Im Mittelpunkt steht dabei das »barocke Universum Gotha« um Schloss Friedenstein mit Museen und Bibliotheken. Die malerische Innenstadt glänzt mit vielen architektonischen Kostbarkeiten aus der Zeit des Barock und der Renaissance.

Vom Wohnmobilstellplatz Gotha kommt man auf der Gotthardstraße und dann auf der Friedrichstraße links gegenüber vom Jagdschloss Friedrichsthal zur Orangerie und zum Herzoglichen Park um das Schloss Friedenstein. Im Westen der wunderschönen Anlage wandeln wir durch das Tor in den **Herzoglichen Park**. Das barocke Kleinod der **Orangerie** mit den mediterranen Pflanzen, ihrem Zitrusduft und den Blumenbeeten

3

im französischen Garten entzücken alle Besucher. An den Blumenbeeten spazieren wir entlang und steigen die zwei Geländestufen hinauf. Am Teeschlösschen vorbei, kommen wir zum westlichen Seitenflügel des Schlosses und umrunden Schloss Friedenstein nach links im Uhrzeigersinn. Der 37 Hektar große obere Schlosspark ist eine englische Parklandschaft mit altem Baumbestand, stillen Wegen und Pavillons. Vom Schlossplatz blicken wir nach Süden über den ehemaligen Rosengarten auf das **Herzogliche Museum Gotha** mit Ausstellungen zu Kunstschätzen der Herzoglichen Sammlungen von der Antike bis in die Neuzeit. Kenner nennen das Museum wegen seiner Bedeutung den »Thüringer Louvre«. Im Süden erstreckt sich hinter dem Museum der **Tannengarten** mit verschiedensten Nadelgehölzen um den Großen Parkteich.
Am Schlossplatz befindet sich der Haupteingang zum Schloss Friedenstein. Das frühbarocke Gebäude mit prachtvollen Räumen zählt zu den bedeutendsten Schlossanlagen in Thüringen. Das **Schlossmuseum** mit Kunstkammer in den historischen Räumen, das **Museum der Natur**, die Schlosskirche und das Ekhof-Theater mit seiner original erhaltenen Bühnentechnik können besichtigt werden. Die feudalen Räume zeigen sich im Stil des Barock, Rokoko und Klassizismus. Ein weiterer Anziehungspunkt sind die das Schloss umgebenden Kasematten unter dem Park.

Die barocken Gebäude der Orangerie im französischen Garten

Blick auf die Schmuckfassade am Renaissance-Rathaus in Gotha

VON RENAISSANCE BIS BAROCK

Durch das Schloss oder links an der Anlage und am Restaurant Pagenhaus vorbei kommen wir zu den Geländestufen mit Blick über die Becken der barocken **Wasserspiele** und hinunter zum **Hauptmarkt** mit dem roten Rathaus. Noch weiter unten wandern wir jedoch zuerst auf der Augustinerstraße links zum **Augustinerkloster** und der **Augustinerkirche**. Kloster und Kirche, Wirkungsstätten Martin Luthers, sind über 700 Jahre alt und damit die älteste Niederlassung der Augustinermönche in Thüringen. Sehenswert ist der **gotische Kreuzgang** aus dem Jahr 1366. Die Augustinerkirche wurde innen im 17. Jahrhundert barockisiert.

Wieder zurück am Hauptmarkt, stehen wir vor dem historischen roten **Renaissance-Rathaus**, das 1567 errichtet wurde. Eine schmucke Schaufassade zeigt sich auf der Nordseite des repräsentativen Gebäudes. Von diesem Teil des Hauptmarktes mit dem barocken Schellenbrunnen geht halblinks die Straße Brühl ab, in der einige historische Häuser aus dem 16. bis 18. Jahrhundert stehen. Am Schellenbrunnen schlendern wir noch in der Marktstraße nach Osten und auf dem **Buttermarkt** rechts. Dieser Markt war einst der Fleisch- und Käsemarkt, heute ist er ein verträumter Platz mit Cafés und Kneipen in Häusern mit Barock- und Renaissancefassade.

Die Stadtkirche ist ein barocker Zentralbau aus dem 18. Jahrhundert.

Tipp

In Gotha gibt es seit 1894 eine elektrische Straßenbahn – die **Thüringer Waldbahn**. 1929 wurde eine 22 Kilometer lange Überlandlinie eingeführt, die von Gotha nach Bad Tabarz am Fuße des Großen Inselsberges führt. Von Anfang an wurde die Bahn von den Menschen als Ausflugsmöglichkeit genutzt. Mit dieser heutigen Linie 4 ist das sehenswerte Waltershausen mit Schloss Tenneberg, Friedrichroda mit der Marienglashöhle und Bad Tabarz mit Wandermöglichkeiten zu erreichen. www.waldbahn-gotha.de

WALTERSHAUSEN

Schon im 9. Jahrhundert, in fränkischer Zeit, entstand an der Kreuzung der Salzstraße mit der Handelsstraße zwischen Eisenach und Saalfeld eine erste Siedlung. Waltershausen, erstmals 1209 urkundlich erwähnt, besitzt das älteste **Fachwerk-Rathaus** Thüringens aus dem Jahr 1441. Die einem Schloss ähnliche barocke **Stadtkirche** von 1723 wurde als Zentralbau Vorbild der Dresdener Frauenkirche. Der mittelalterliche Turm stammt noch von der vorherigen Kirche.

3

Das **Schloss Tenneberg** über Waltershausen ist schon von Weitem sichtbar. Es steht an Stelle einer Wallanlage aus dem 6. Jahrhundert. Als mittelalterliche Burganlage der Thüringer Landgrafen wurde Tenneberg im Jahr 1176 genannt. Seine heutige Form erhielt Schloss Tenneberg Ende des 14. Jahrhunderts. Im 18. Jahrhundert wurden die Räume barock ausgestaltet, wobei der **Festsaal** mit beeindruckendem Deckengemälde besonders hervorzuheben ist. Im Schloss ist heute das Heimatmuseum mit einer Puppenausstellung untergebracht, die auf den früheren für Waltershausen bedeutsamen Wirtschaftszweig Spielzeugherstellung Bezug nimmt. Vom Aussichtsplatz vor dem Schloss ist der Inselsberg zu sehen.

FRIEDRICHRODA

Der staatlich anerkannte heilklimatische Kurort Friedrichroda geht auf das 11. Jahrhundert zurück. Damals wurden die Burg Schauenburg und das Kloster Reinhardsbrunn gegründet. Die Mönche legten zahlreiche Fischteiche an, von denen heute noch einige erhalten sind. Das Wanderparadies in der freundlichen Landschaft um Friedrichroda in den ersten Hügeln des Thüringer Waldes und eine gute touristische Infrastruktur locken seit Langem Urlauber und Erholungsuchende in den Ort.

Idyllisch steht hinter hohen Bäumen das Schloss Reinhardsbrunn.

3

Das **Schloss Reinhardsbrunn** in Friedrichroda steht heute an Stelle des Klosters aus dem 11. Jahrhundert. Bis zu Beginn des 19. Jahrhunderts entstand mit dem Bau ein Lustschloss im Stil der Neogotik. Das Schloss mit seiner nagenden Patina ist heute ein Palast voller Geister der Vergangenheit und der Schlosspark ein magisches Idyll. Nach der Wende wurde es an einen russischen Investor verkauft. Der nahm auf die Immobilie hohe Millionenhypotheken auf, brachte aber das verfallende Schloss keiner Nutzung zu und renovierte nichts.

IN DER MARIENGLASHÖHLE Die Kristallgrotte in der Marienglashöhle in Friedrichroda gilt als eine der schönsten in Europa. Das Schaubergwerk ist Resultat des Gips- und Kupferbergbaus. 1784 entdeckte man die riesige Kristalldruse mit einem Durchmesser von zehn Metern. Die hohle Gesteinsknolle ist mit durchsichtigen Gipskristallen ausgekleidet. Marienglas wurde früher in Kirchen zur Ausschmückung verwendet.

In der fabelhaften Kristallgrotte der Marienglashöhle

Die Burgruine Gleichen zeigt heute noch ihre beeindruckenden Mauern.

DIE BURGEN »DREI GLEICHEN«

Drei ungleiche Burgen – die Burg Gleichen, die Mühlburg und die Wachsenburg – werden auch heute noch mit dem Begriff »Drei Gleichen« benannt. Nach einer Sage hatte im Jahr 1231 ein Kugelblitz die Burgen als drei gleiche Fackeln abgebrannt. Doch das keltische Wort *gliche* bedeutet eigentlich »Felsen«. Die Burgen entstanden zwischen dem 8. und 11. Jahrhundert und schützten die Kupferstraße, die einst von Nürnberg bis Jütland verlief. An Stelle der **Mühlburg** stand bereits im Jahr 704 eine Befestigung. Vor der Ruine befinden sich die Grundmauern der Radegundis-Kapelle. Die **Burg Gleichen** wurde im Jahr 1034 erstmals erwähnt. Doch Besiedelungsreste stammen noch aus dem 8. Jahrhundert.

Die **Wachsenburg** steht auf einem Berg, auf dem es erste Bauten bereits um das Jahr 930 gab. Nach wechselvoller Geschichte als Raubritterburg und Gefängnis thront die renovierte Burg heute als Hotel und Restaurant über der Landschaft. Interessant ist vor allem das **Naturschutzgebiet** um die Burg. Es umfasst die »Badlands« der steilen Hänge des Burghügels und den Roten Berg. Es handelt sich um Halbtrocken- und Trockenrasen mit ihren Vertretern der angepassten Flora und Fauna.

AUF EINEN BLICK

Info

STADT/REGION: Gotha, Drei Gleichen
BESTE REISEZEIT: April bis Oktober
OPTIMALE REISEDAUER: 2–3 Tage
TOURISTINFO: Hauptmarkt 40, 99867 Gotha,
Tel. 03621/51 04 50, tourist-info@gotha-adelt.de,
www.gotha-adelt.de

SEHENSWÜRDIGKEITEN

ALTSTADT GOTHA: www.gotha-adelt.de
AUGUSTINERKIRCHE UND KLOSTER:
www.augustinerkloster-gotha.de
BURGEN DREI GLEICHEN: www.drei-gleichen.de
MARIENGLASHÖHLE: www.marienglashoehle-friedrichroda.de
SCHLOSS FRIEDENSTEIN: www.stiftung-friedenstein.de
SCHLOSS REINHARDSBRUNN: www.schloss-reinhardsbrunn.de

STELLPLATZ GOTHA

ADRESSE: Brückenstraße, 99867 Gotha, Tel. 03621/51 04 30,
tourist-info@gotha-adelt.de, www.gotha-adelt.de
ANFAHRT: Auf der A 4 Ausfahrt 42 Gotha und auf der B 247 nach Norden, auf der Gotthardstraße rechts zur Brückenstraße.
GPS: 50.949722, 10.712504
Die sechs kostenfreien, ganzjährig geöffneten Stellplätze liegen 900 Meter vom Hauptmarkt entfernt auf einem Parkplatz. Der asphaltierte Platz ist kaum beschattet. Eine Bushaltestelle befindet sich 300 Meter, ein Supermarkt 250 Meter entfernt. Am Stellplatz sind keine Ver- oder Entsorgungseinrichtungen vorhanden.
Es gibt noch einen kostenfreien Stellplatz auf dem Busparkplatz am Marstall in der Parkallee 1 (GPS: 50.944009, 10.70951).

CAMPINGPLATZ WANGENHEIM

ADRESSE: Zum Wangenheimer See 1, 99869 Nessetal,
Tel. 01578/128 52 12, info@campingplatz-wangenheim.de,
www.campingplatz-wangenheim.de

◀ Blick auf den Hauptmarkt Gotha mit dem roten Rathaus ▲ Der Stellplatz Gotha ist auf einem Parkplatz. ▼ Auf dem schönen Campingplatz Drei Gleichen

ANFAHRT: Auf der A 4 Ausfahrt 42 Gotha und auf der B 247 nach Norden durch Gotha, in Warza auf der L 2123 nach Westen und in Nessetal auf der L 2122 nach Westen zur Talsperre Wangenheim.
GPS: 51.020281, 10.601659
Der von April bis September geöffnete Campingplatz liegt 14 Kilometer von Gotha entfernt in ruhiger Gegend am Ufer der Talsperre Wangenheim mit Möglichkeiten zum Wassersport. Der Wiesenplatz ist teilweise beschattet. 1,8 Kilometer zur Bushaltestelle Wangenheim Richtung Gotha (www.nvg-gotha.info). Auf dem Platz sind Sanitäranlagen, Stromanschlüsse, Ver- und Entsorgungseinrichtungen und ein Restaurant. Ein Supermarkt ist sechs Kilometer entfernt.

CAMPINGPLATZ DREI GLEICHEN

ADRESSE: Campingplatz 1, 99869 Drei Gleichen, Tel. 036256/227 15, info@camping-drei-gleichen.de, www.camping-drei-gleichen.de
ANFAHRT: Auf der A 4 Ausfahrt 43 Wandersleben nach Süden und in Mühlberg auf der Gothaer Straße rechts zum Campingplatz.
GPS: 50.875013, 10.809167
Der von April bis Oktober geöffnete Campingplatz liegt 13 Kilometer von Gotha entfernt nahe den drei Burgen Drei Gleichen. Der Wiesenplatz ist teilweise beschattet. 1,6 Kilometer zur Bushaltestelle Mühlberg (www.nvg-gotha.info). Auf dem Platz sind Sanitäranlagen, Stromanschlüsse und Ver- und Entsorgungseinrichtungen. Restaurants sind 1,6 Kilometer, ein Supermarkt drei Kilometer entfernt. Die drei Burgen sind auf einer Rundwanderung erreichbar.

MÜHLHAUSEN & BAD LANGENSALZA

Zeitreise ins Mittelalter

Am Schwanenteich und Freibad in Mühlhausen liegt auch der Campingplatz.

4

An der oberen Unstrut finden Wanderer, Radfahrer und Kulturreisende ein facettenreiches Angebot: architektonische Schätze in historischen Orten mit lebendiger Kultur, umgeben von stillen und lieblichen Landschaften. Und der Unstrutradweg ermöglicht Entdeckungen mit dem Fahrrad.

Die Unstrut war schon immer auch am Oberlauf eine wichtige Lebensader für die Menschen. Mühlen und Städte mit reichen Bürgerhäusern sind der Beleg hierfür. Paddeln ist auch an der Oberen Unstrut möglich. An den Ufern ziehen Auenlandschaften und reizvolle Orte mit vielen schönen Fachwerkhäusern vorbei.

MÜHLHAUSENS STADTHISTORIE

Mühlhausen liegt an der Deutschen Fachwerkstraße. Die Altstadt ist ein großes Flächendenkmal das mit Türmen, Kirchen, Stadtmauer und liebevoll sanierten Fachwerk- und Bürgerhäusern glänzt – und der Wohnmobilstellplatz Am Engelsgarten liegt idealerweise bereits innerhalb der historischen Stadtmauer.
Im Jahr 967 wurde Mühlhausen erstmals in Verbindung mit einer Burg und Kaiserpfalz urkundlich erwähnt, erlangte 1135 die Stadtrechte und gewann zunehmend wirtschaftliche und politische Bedeutung. Sie war einst mit sieben Doppeltoren und 38 Wehrtürmen gesichert. Im 13. Jahrhundert wurde Mühlhausen Reichsstadt und war seit dem 15. Jahrhundert Mitglied der Hanse, wodurch die Stadt wirtschaftlich aufblühte. Im 16. Jahrhundert wurde Mühlhausen durch den Prediger Thomas Müntzer zum Zentrum der reformatorischen Bewegung. Im Stadtgebiet standen um das Jahr 1800 über 20 Wassermühlen, und die Woll-, Tuch- und Lederverarbeitung florierte.

RUNDGANG DURCH MÜHLHAUSEN

Die nahezu vollständig erhaltene Verteidigungsanlage geht bis auf das 13. Jahrhundert zurück und ist über zwei Kilometer lang. Ein Rundgang um die **Stadtmauer** zeigt eindrucksvolle Ansichten; teilweise kann die Mauer sogar begangen werden. Der schlanke Turm der Allerheiligenkirche mit der spanischen Haube im Barockstil weist uns den Weg in den **Steinweg**, der zum Flanieren einlädt, denn dort sind klassizistische Fassaden und

4

Häuser im Jugendstil zu sehen. Eines der schönsten **Jugendstilhäuser** steht am Steinweg 33. Das hübsche Fachwerkhaus am Steinweg 84 stammt aus dem 17. Jahrhundert. Das Fachwerkhaus mit der Nummer 78 ist das schmalste Haus mit nicht mal fünf Meter Breite. Der Steinweg endet südlich des Obermarkts mit der Alten Post und der Stadtverwaltung.
Dahinter erhebt sich das gotische Gebirge der fünfschiffigen **Marienkirche** aus dem 14. Jahrhundert. Nach dem Erfurter Dom ist sie mit dem über 80 Meter hohen Turm die zweitgrößte Kirche Thüringens. Seit 1975 wird sie als Museum genutzt und ist unter anderem dem Reformator Thomas Müntzer gewidmet. Südwestlich des Turms der Marienkirche steht mit der Nummer 9 der ehemalige **Deutschordenshof**, vom 13. bis 16. Jahrhundert Sitz der Deutschordensherren. Auf der Holz- oder der Herrenstraße gehen wir weiter nach Westen zum **Inneren Frauentor** aus dem Jahr 1655. Die **Antonius Mühle** (Am Frauentor 7) wurde 1323 erbaut und ist heute ein uriges Gasthaus. Vor dem Inneren Frauentor ist der Blick vom Platz Blobach auf die mittelalterliche Stadt ist der perfekte Fotostopp. 300 Meter vor dem Inneren Frauentor steht noch das Äußere Frauentor aus dem äußeren Mauerring. Vom sechseckigen **Rabenturm** öffnet sich ein Panoramablick über Mühlhausen und Umgebung.

◀ Das Haus ist nur fünf Meter breit. ▶ Das Gasthaus war einst eine Mühle.

Das Brunnenhaus Popperode stammt aus dem 17. Jahrhundert.

BRUNNENHAUS POPPERODE & SCHWANENTEICH Drei Kilometer vor dem Frauentor liegen das Brunnenhaus Popperode und der Schwanenteich. Die Popperöder Quelle trieb einst Mühlen, füllte Fischteiche und versorgte die Stadt mit Wasser. Für die Einwohner Mühlhausens sind der Schwanenteich und das Brunnenhaus heute beliebte Ausflugsziele und Ort des Brunnenfestes.

Auf der Herrenstraße schlendern wir zurück nach Osten an der Marienkirche vorbei und dann rechts in der Ratsstraße zum historischen Rathaus. Das Gebäudeensemble des **Alten Rathauses** besteht aus dem im 13. Jahrhundert erbauten ersten Rathaus, das im Untergeschoss mit der Durchfahrt der Ratsstraße erhalten ist. Das Obergeschoss und die Erweiterungsbauten entstanden in späteren Jahrhunderten, was an den unterschiedlichen Baustilen – von der Gotik über Renaissance bis zum Frühbarock – zu sehen ist. Die Innenräume sind mit bedeutenden Decken- und Wandgemälden aus verschiedenen Epochen ausgeschmückt.

◀ Das Rathaus zeigt verschiedene Baustile. ▶ Blick zur Divi-Blasii-Kirche

Noch ein wenig weiter nach Süden kommen wir am Kornmarkt zur **Kornmarktkirche**, ehemals die Klosterkirche der Franziskaner aus dem 14. Jahrhundert. Auch sie wird mit dem **Bauernkriegsmuseum** als Ausstellungsort genutzt. Im Innenhof wurde ein **Klostergarten** nach historischen Vorbildern angelegt. Die **Linsenstraße** an der Kornmarktkirche ist wie der Steinweg eine Gasse mit malerischen Häusern. Das Fachwerkgebäude des **Brauhauses zum Löwen** in der Felchtaer Straße 2–4, südlich vom Kornmarkt, wurde früher als Apotheke genutzt. Die Verlängerung der Felchtaer Straße nach Osten ist der **Untermarkt**, an dem die **Divi-Blasii-Kirche** steht. Das Ende des 13. Jahrhunderts erbaute Gotteshaus ist eine der frühesten gotischen Kirchen Mitteldeutschlands. Als Vorbilder dienten französische Kathedralen. Die Fensterrosette und die Glasmalereien in den Fenstern des Hauptchores sind wertvolle Ausstattungsdetails. Berühmt ist zudem das schmiedeeiserne Ziergitter zwischen Chor und Querhaus aus dem Jahr 1640.

Das Restaurant Zum Küsterhaus gegenüber der Kirche wurde 1742 als Küsterhaus der Divi-Blasii-Kirche erbaut. Die Häuser südlich der Kirche besitzen schöne Innenhöfe. Und der Untermarkt hinter der Kirche war im 12. Jahrhundert der Hauptmarkt der Stadt. Die heutigen repräsentativen Häuser am Untermarkt stammen überwiegend aus dem 18. Jahrhundert. Das Fachwerkhaus am Untermarkt 15 ist aus dem Jahr 1631. Das Rokoko-Haus mit der reich verzierten Fassade daneben ist das sogenannte Tilesius-Haus.

HISTORISCHES BAD LANGENSALZA

Bad Langensalza an der Fachwerkstraße ist eine der historisch bedeutenden Städte im Thüringer Becken. Reiche historische Bauten in der Altstadt zeugen von wohlhabenden Bürgern früherer Zeiten. Da die Stadt seit dem 14. Jahrhundert nicht mehr zerstört wurde, zeigen ihre Fachwerkhäuser die Entfaltung des Fachwerkbaus von damals bis zum 20. Jahrhundert. Heute überrascht die Stadt außerdem mit ihren Themengärten.

ZEHN THEMENGÄRTEN Etwas Besonderes und für Gartenfreunde ein Muss sind die zehn Themengärten in Bad Langensalza. Botanischer Garten, Magnoliengarten, Rosengarten, Japanischer Garten, Naturgarten und Arboretum sind nur einige davon. www.badlangensalza.de

In ottonischer Zeit wurde im Jahr 932 der Ort *salzaha* erstmals urkundlich angeführt. Bad Langensalza erlangte Anfang des 13. Jahrhunderts die Stadt- und Münzrechte. Um das Jahr 1300 war die Stadt bereits mit einer Mauer befestigt. Die neuere Stadtmauer mit sieben Toren und mehr als dreißig Türmen stammt aus der Zeit nach dem Thüringer Grafenkrieg, in dem die Stadt 1346 zerstört wurde. Heute sind noch siebzehn Türme

Die Fensterrosetten an der Divi-Blasii-Kirche sind berühmt.

4

und ein Tor in der historischen Stadtmauer erhalten. Die prachtvollen Bürgerhäuser im Barockstil wurden nach dem Stadtbrand von 1711 erbaut. Im Jahr 1811 entdeckte man eine erste Schwefelquelle. Die erschlossenen Heilquellen halten bis heute den Kurbetrieb am Leben.

MALERISCHE ALTSTADT

Die historische Kulisse der Stadt bewirkt mit ihren malerischen engen Gassen, Stadtmauern und den historischen Gebäuden verschiedener Epochen eine einmalige Stimmung. Vom Stellplatz an der Friederiken Therme betritt man auf der Neustädter Straße entlang dem Bächlein Salza die Altstadt. Am Wilden Graben rechts kommen wir zum Schlosshof, aber vom **Schloss Dryburg** ist nur noch der Westflügel erhalten. Die ursprünglich romanische Burg aus dem 12. Jahrhundert wurde im 17. Jahrhundert zu einem Schloss umgebaut. Mauern und Turm gibt es nicht mehr.
Im Süden der einstigen Anlage kommen wir zur gotischen **Marktkirche Sankt Bonifacius** aus Travertin mit ihrem über 76 Meter hohen Turm. Ihre Baugeschichte reicht vom 13. bis zum 15. Jahrhundert. Die Epochen zeigen sich in den unterschiedlichen Baustilen. Um die Marktkirche befinden sich auch die ältesten Häuser der Stadt. Auf der Marktstraße nach Westen ist der **Marktplatz** mit Brunnen und **Rathaus**. Es wurde nach dem großen

◀ Am Rathaus in Bad Langensalza ▶ Am Marktplatz stehen reiche Häuser.

Am Hünenteich im Hainich wurde ein keltischer Opferaltar rekonstruiert.

Stadtbrand im Jahr 1752 neu erbaut. Um jeweils 12 und 18 Uhr erklingen die 32 Glocken des Rathaus-Glockenspiels mit unterschiedlichen Melodien. Weitere touristische Anlaufpunkte in Bad Langensalza sind das Thüringer **Apothekenmuseum** mit Apothekergarten in der Bergstraße 15a sowie das **Friederikenschlösschen** mit Parkanlage. Das Rokoko-Lustschloss wurde 1751 an der heutigen Kurpromenade erbaut. Außerdem vermittelt ein Spaziergang entlang der alten **Stadtmauer** schöne Eindrücke.

Tipp

Die **Kindererlebniswelt »Rumpelburg«** ist ein Spielplatz in einer ehemaligen Fachwerkscheune im Zentrum der historischen Altstadt von Bad Langensalza. Abenteuerliche Wege führen durch Gitterröhren, über Netzbrücken und Rutschen. Mit Gästen von 0 bis 99 Jahren wird der Aufenthalt zu einem großen Familienspaß. www.kindererlebniswelt-rumpelburg.de

NATIONALPARK HAINICH

Das Waldgebiet Hainich war jahrzehntelang militärisches Sperrgebiet. Große Bereiche wurden kaum betreten und nicht genutzt, sodass sich dort quasi ein Urwald entwickeln konnte. Die Idee eines Nationalparks, in dem die Natur Natur bleiben kann, wurde durch das Gesetz über den Nationalpark Hainich 1997 umgesetzt. Seither ist im Nationalpark die Dynamik der Waldentwicklung zu beobachten.

Im Gehege des Wildkatzendorfes sind die geschmeidigen Tiere zu beobachten.

Einst war ganz Mitteleuropa von Buchenwäldern bedeckt. Heute sind naturnahe Buchenwälder selten geworden. Der Hainich ist Teil von fünf Buchenwäldern in Deutschland, die auf die Liste des UNESCO-Welterbes gesetzt wurden. Einer der beliebten touristischen Anlaufpunkte ist der **Baumkronenpfad**. Er überspannt die Baumkronen der Urwaldriesen und bietet neue Einblicke in das Ökosystem Wald.

VOM PARKPLATZ AN DER FUCHSFARM kann eine Wanderung oder Radtour durch den Hainich beginnen. Als Stationen können der Hünenteich, der Wildkatzen-Kinderwaldspielplatz, der historische Wegweiser Eiserne Hand und die alte Betteleiche angesteuert werden. Für den Rückweg ist das Brunsttal nur für Wanderer geeignet. Diese Runde ergibt 14 Kilometer. Viele weitere Möglichkeiten, zum Beispiel zum Baumkronenpfad oder zum Aussichtsturm Hainichblick, sind denkbar. www.kultur-liebt-natur.de

Tipp

Im **Wildkatzendorf Hütscheroda** kann jeder Besucher scheue Wildkatzen und Luchse beobachten. Die Anlage besteht aus dem Informationszentrum Wildkatzenscheune, einem naturnahen Gehege, dem Rundweg Wildkatzenpfad und dem kurzen Rundweg Wildkatzenschleichpfad durch den Wildkatzenwald. Auch Spielmöglichkeiten sind vorhanden.

4

VOLKENRODA

Der Ort Volkenroda ist durch seine geschichtlichen Ereignisse und das **Kloster Volkenroda** bekannt. Um das Jahr 1000 bestand dort bereits eine bedeutende hochmittelalterliche Reichsburg an der historischen Altstraße. 1131 wurde an deren Stelle eine Klosteranlage des Zisterzienserordens gegründet. Aufständische Bauern plünderten 1525 die Gebäude. Das Kloster wurde wiederaufgebaut, aber 1540 aufgehoben. Heute sind nur noch die ringförmige Klostermauer aus Bruchsteinen, ein Steintor und Reste der romanischen Basilika erhalten. Nach der Wende hat die Jesus-Bruderschaft das Kloster erworben und wiederaufgebaut. Durch eine architektonische Symbiose aus Alt und Neu ist es zum Vorbild gelungener Gestaltung geworden. Volkenroda ist aber auch aufgrund seiner 610 Jahre alten **Königseiche** bekannt, die am Ortsrand steht.

Tipp

Wer aus diesem Zielgebiet nach Osten fährt, sollte auf jeden Fall über die mittelalterliche Kleinstadt **Bad Tennstedt** fahren. Der Mauerring aus dem 15. Jahrhundert, die Kirche aus dem 14. Jahrhundert und ansehnliche Häuser aus verschiedenen Epochen sind definitiv eine Besichtigung wert.

◀ Das Torhaus des Klosters Volkenroda ▶ Die Königseiche ist 600 Jahre alt.

AUF EINEN BLICK

Info

STADT/REGION: Mühlhausen, Bad Langensalza, Hainich
BESTE REISEZEIT: April bis Oktober
OPTIMALE REISEDAUER: 2–3 Tage
TOURISTINFO: Bei der Marktkirche 11, 99947 Bad Langensalza, Tel. 03603/83 44 24, touristinfo@badlangensalza.de, www.badlangensalza.de

SEHENSWÜRDIGKEITEN

ALTSTADT BAD LANGENSALZA: www.badlangensalza.de
KLOSTER VOLKENRODA: www.kloster-volkenroda.de
MITTELALTERLICHES BAD TENNSTEDT: www.badtennstedt.de
MITTELALTERLICHES MÜHLHAUSEN: www.tourismus.muehlhausen.de
NATIONALPARK HAINICH: www.nationalpark-hainich.de
WILDKATZENDORF: www.wildkatzendorf.com

STELLPLATZ AM ENGELSGARTEN MÜHLHAUSEN

ADRESSE: Hinter der Mauer, 99974 Mühlhausen, Tel. 03601/45 21 15, service@touristinfo-muehlhausen.de, www.tourismus.muehlhausen.de
ANFAHRT: Auf der A 38 Ausfahrt 7 Breitenworbis und auf der L 1015 und B 247 in Richtung Süden. In Mühlhausen an der Kreuzung auf der Straße Kreuzgraben rechts zum Stellplatz.
GPS: 51.210557, 10.463606
Der kostenpflichtige, ganzjährig geöffnete Stellplatz liegt 600 Meter vom Zentrum entfernt auf einem Parkplatz. 100 Meter zur Bushaltestelle (www.regionalbus.de). Auf dem Asphaltplatz ohne Schatten sind Stromanschlüsse, und eine Ver- und Entsorgungsstation vorhanden. Supermärkte und Restaurants sind 200 Meter entfernt.

CAMPINGPLATZ AM SCHWANENTEICH MÜHLHAUSEN

ADRESSE: Popperöder Gasse 2, 99974 Mühlhausen, Tel. 03601/888 37 55, info@campingplatz-am-schwanenteich.de, www.campingplatz-am-schwanenteich.de

◀ Der Stellplatz Am Engelsgarten ▶ Der Campingplatz liegt am Schwanenteich.

ANFAHRT: Auf der A 38 Ausfahrt 7 Breitenworbis und auf der L 1015 und B 247 in Richtung Süden. In Mühlhausen an der Kreuzung an der Martinikirche auf der B 249 rechts und auf der Heyeröder Landstraße rechts zum Campingplatz.
GPS: 51.199722, 10.43029
Der ganzjährig geöffnete Campingplatz liegt 2,3 Kilometer vom Zentrum entfernt am Schwanenteich mit Freibad. 500 Meter zur Bushaltestelle (www.regionalbus.de). Auf dem Platz sind Sanitäranlagen, Duschen, Stromanschlüsse und Ver- und Entsorgungseinrichtungen. Ein Supermarkt ist 900 Meter und eine Gaststätte 100 Meter, der Nationalpark Hainich 22 Kilometer entfernt.

STELLPLATZ FRIEDERIKEN THERME BAD LANGENSALZA

ADRESSE: Gegenüber Breitscheidstraße 14, 99947 Bad Langensalza, Tel. 03601/45 21 15, service@touristinfo-muehlhausen.de, www.tourismus.muehlhausen.de
ANFAHRT: Auf der A 4 Ausfahrt 42 Gotha und auf der B 247 in Richtung Norden durch Gotha. In Bad Langensalza zweigt von der Thamsbrücker Landstraße rechts die Breitscheidstraße ab.
GPS: 51.116659, 10.64418
Der kostenpflichtige, ganzjährig geöffnete Stellplatz liegt einen Kilometer vom Zentrum entfernt auf dem Parkplatz der Friederiken Therme mit Bushaltestelle (www.regionalbus.de). Auf dem Platz mit wenig Schatten sind Stromanschlüsse und eine Ver- und Entsorgungsstation vorhanden. Supermarkt und Restaurant sind 900 Meter entfernt, der Nationalpark Hainich elf Kilometer. Bad Langensalza und auch Mühlhausen liegen am Unstrutradweg (www.unstrutradweg.de).

RUND UM NORDHAUSEN

Kunst und Kultur in der 1000-jährigen Stadt

Die ehemals mächtige Burg Hohnstein ist nur noch eine Ruine mit Aussicht.

5

Der Muschelkalk-Höhenzug Hainleite mit dem herrlichen Wipperdurchbruch grenzt das Thüringer Becken nach Norden ab. Die Landschaft Goldene Aue liegt nördlich des Kyffhäusergebirges. Diese nördlichen Teile Thüringens sind geschichtsträchtig und mit einer abwechslungsreichen Landschaft gesegnet.

In den lieblichen Landschaften und historischen Orten um die Flüsse Unstrut und Wipper sind für Wanderer, Radfahrer und Kulturreisende gleichermaßen erbauliche Erlebnisse garantiert. Schließlich hatte schon vor etwa 37.000 Jahren der *Homo erectus bilzingslebenensis* diese Region am Nordrand des Thüringer Beckens als lebenswert befunden.

NORDHÄUSER STADTHISTORIE

Die Stadt Nordhausen vor der Kulisse des Nationalparks Harz lässt sich nicht auf den Nordhäuser Korn reduzieren, auch wenn der eine lange geschichtliche Beständigkeit seit dem frühen 16. Jahrhundert aufweist. zwischen Rosengasse, Blasii-Kirche und Dom präsentiert sich durch Wiederherstellung ein fast historisches Stadtgebiet.

Nordhusa wurde im Jahr 876 erstmals erwähnt. Ab 1220 war Nordhausen freie Reichsstadt und gehörte mit Erfurt und Mühlhausen dem Thüringer Dreistädtebund an. Im 15. Jahrhundert war Nordhausen Mitglied der Hanse.

ALTSTADTRUNDGANG

Gleich neben dem Wohnmobilstellplatz befindet sich das **Jugendstil-Badehaus** aus dem Jahr 1907. Die Ausstattung des Bades steht nach Umbau für die moderne Zeit. Die denkmalgeschützte Fassade mit der reichen Formensprache des Jugendstils wurde aber zur Gänze erhalten.

NORDHÄUSER TRADITIONSBRENNEREI Die Grimmelallee nach Süden gehend, erreichen wir auf der linken Seite mit der Hausnummer 11 die Nordhäuser Traditionsbrennerei mit Probierstube, Museum und Verkaufsladen. Nachweislich wird in Nordhausen seit 1507 Korn gebrannt. Im 13. Jahrhundert gab es in der Stadt über 100 Brennereien. www.traditionsbrennerei.de

5

Ebenfalls auf der Grimmelallee gen Süden gehend, biegen wir nach links in die Straße Grimmel ein, steigen an deren Ende die Wassertreppe hinauf und gelangen oben links zum **Dom Zum Heiligen Kreuz**. Der Bau geht auf die Errichtung eines Frauenstiftes im Jahr 961 zurück. Im romanischen Baustil sind Teile des Kreuzgangs, der Türme und die Krypta erhalten (www.heiligeskreuz-nordhausen.de). Ein paar Schritte zurück und links durch die Kranichstraße kommen wir zur evangelischen **Blasii-Kirche**. Die heutige Kirche entstand 1490. Die Fenster im Chorraum erzählen biblische Geschichten. Die Kanzel und der Taufstein sind aus der Zeit der Renaissance (www.blasiikirche-nordhausen.de). Das große Fachwerkhaus vor der Kirche ist das **Pfarrhaus** aus dem Jahr 1713 – und eines der schönsten und kunstgeschichtlich auserlesensten Häuser der Stadt.
Vom Pfarrhaus laufen wir auf der Gumpertstraße nach Süden und dann auf der Bäckerstraße rechts zum **Museum Tabakspeicher**. Gezeigt werden Exponate aus dem traditionellen Handwerk, der Archäologie und aus anderen Bereichen. Auf der Straße zurück und rechts geht es zum Markt auf dem Nikolaiplatz mit dem **Rathaus**, das an Stelle eines älteren Baus 1610 im Stil der Renaissance erbaut wurde. An der Ecke des Rathauses steht die Kopie der Statue des **Roland**, ein Sinnbild für Macht und Gerichtsbarkeit. Das Original befindet sich im Neuen Rathaus.

◀ Das Rathaus wurde 1610 erbaut. ▶ Der Roland steht für Macht und Gericht.

Der gotische Kreuzgang des Doms Zum Heiligen Kreuz ist sehenswert.

An der Touristinfo schlendern wir auf der Rautenstraße links und am Kreisverkehr auf dem Kornmarkt und Töpferstraße rechts. Auf der linken Seite zeigt die runde Pflastereinlage den Standort des einstigen **Zwingers** an, ein Rundturm der früheren Stadtmauer. Unter der Oberfläche existiert noch ein Gewölbe. Nach Norden breitet sich 500 Meter weit am Theater vorbei die **Promenade** aus. Nach Süden kommt man auf der Rudolf-Breitscheid-Straße zum **Petersberg**. Der Petriturm, Teil einer Kirche aus dem 14. Jahrhundert, dient heute als Aussichtsturm. Nach Süden schließen sich die Terrassen des Petersberggartens an.
Der **Park Hohenrode**, ein englischer Landschaftspark im Norden der Stadt, verleitet auf seinen weit geschwungenen Wegen zwischen Baumgruppen zum Flanieren (www.park-hohenrode-nordhausen.de, www.nordhausen.de).

Tipps

Am westlichen Rand der Stadt kann das **IFA-Museum** besichtigt werden. Besucher sehen über 50 originalgetreu restaurierte Exponate des einstigen Lok-, Schlepper- und Motorenherstellers. www.ifa-museum-nordhausen.de

Wer eher an Kunstwerken interessiert ist, sollte das **Kunsthaus Meyenburg** in der Jugendstilvilla besuchen – mit Ausstellungen zu regional und überregional bedeutenden Werke. Die Villa besitzt auch einen Aussichtsturm und einen schönen Park. www.kunsthaus.nordhausen.de

Die KZ-Gedenkstätte Mittelbau-Dora erzählt eine traurige Geschichte.

KZ-GEDENKSTÄTTE MITTELBAU-DORA Sechs Kilometer nördlich von Nordhausen zeigt die KZ-Gedenkstätte Mittelbau-Dora eine Dauerausstellung und bietet Führungen im Lager und den Stollenanlagen an. KZ-Häftlinge mussten 1943 die Stollen für eine Raketenfabrik ausbauen. 20.000 Häftlinge starben an den Bedingungen der Zwangsarbeit und Unterbringung. www.dora.de

BURGRUINE HOHNSTEIN

Die Burg Hohnstein im Naturpark Südharz geht auf das 12. Jahrhundert zurück, wird aber erst im Jahr 1202 als Stammsitz der Honstein-Ilfelder Grafen erwähnt. Durch Kauf gelangte sie im 15. Jahrhundert in den Besitz der Grafen zu Stolberg. Diese modernisierten die Anlage mit einem Artillerieturm und bauten sie schließlich zu einem repräsentativen Renaissanceschloss aus. Die damals größte Burg wurde 1627 von kaiserlichen Truppen zerstört, worauf sie in der Folge verfiel. Der Weg hinauf lohnt wegen der Aussicht über den Harz, über die Rüdigsdorfer Schweiz – und nicht zuletzt wegen des Burggasthofs Hohnstein.

5

DURCH DIE RÜDIGSDORFER SCHWEIZ Die Rüdigsdorfer Schweiz ist eine idyllische Hügellandschaft im südlichen Harzvorland zwischen Nordhausen und Neustadt im Harz. Dort befindet sich eine Gipskarstlandschaft. Der Karstwanderweg bietet Einblicke in diese ungewöhnliche Landschaft. Außer dem Streckenwanderweg bis nach Sachsen-Anhalt hinein sind viele Rundwanderwanderwege und Radwege ausgezeichnet. www.karstwanderweg.de

SONDERSHAUSEN

Die Musik- und Bergstadt Sondershausen mit historischem Innenbereich liegt an der Wipper inmitten einer waldreichen Umgebung am Unstrut-Werra-Radweg (www.werratal.de). 1125 erstmals urkundlich genannt wurde Sondershausen im 17. und 18. Jahrhundert zur barocken Residenz der Reichsgrafen von Schwarzburg-Sondershausen. In der Hospitalstraße 166 befindet sich ein Stellplatz für die Besichtigung der Stadt.

Der klassizistische Westflügel des Residenzschlosses Sondershausen

5

Das ehemalige **Residenzschloss** mit Schlosspark, Achteckhaus und Marstall ist eines der schönsten Schlösser Thüringens. Im Ensemble sind Baustile von der Romanik bis hin zum Historismus zu finden. Das **Schlossmuseum** zeigt Gegenstände aus der Hofkultur, Stadt- und Landesgeschichte (www.schlossmuseum-sondershausen.de). Gleich östlich des Schlosses befindet sich der historische **Marktplatz** mit Rathaus, Fürstlicher Wache und ehemaligem Prinzenpalais. Vom Rathaus durch die Stubengasse nach Süden kommt man zur **Stadtkirche Sankt Trinitatis**, die 1691 geweiht wurde. Die Kirche besitzt eine prunkvolle Fürstenloge und eine sehenswerte Orgel mit prunkvollem Prospekt (www.trinitatisgemeinde-sondershausen.de, www.sondershausen.de).

ZUR BURG LOHRA Bei Großlohra lassen sich in einer zehn Kilometer langen Rundwanderung die Burg Lohra und die Basilika Münchenlohra verbinden. Der Bergsporn der Burg Lohra war seit frühgeschichtlicher Zeit durchgehend besiedelt. Der kunstgeschichtlich wertvollste Bau der Burg ist die romanische Doppelkapelle aus dem 13. Jahrhundert. Die romanische Basilika Münchenlohra wiederum gehörte zum Benediktinerinnen-Kloster Lohra, das 1170 gegründet wurde. www.muenchenlohra.de

◀ Am Marktplatz in Sondershausen ▶ Die Burg Lohra trägt reichlich Patina.

Im Gondelteich bei Weißensee steht ein Chinesischer Pavillon.

Tipp

Die Steinrinne Bilzingsleben ist eine archäologische Fundstelle in einem Travertinsteinbruch. An der Siedlungsstätte wurden Feuer- und Werkstellen gefunden, die vor 35.0000 Jahren benutzt wurden. Der Schädel des *Homo erectus bilzingslebenensis* gehört zu den frühesten Menschenfunden in Mitteleuropa. www.steinrinne-bilzingsleben.com

WEISSENSEE

Das authentisch erhaltene mittelalterliche Kleinod Weißensee an der Salz- und Kupferstraße war schon immer von besonderer Bedeutung. Der Ort entwickelte sich um das Jahr 1200 im Schatten der **Runneburg** die 1168 gegründet wurde. In der Burg sind hochmittelalterliche Bauteile wie die romanische Toranlage, Bergfried, Palas und Ringmauer zu besichtigen. Das romanische **Rathaus**, erstmals 1351 erwähnt, ist das älteste Rathaus Thüringens. Die **Stadtkirche Sankt Peter und Paul** wurde um 1180 als dreischiffige Basilika erbaut. Eine Berühmtheit ist zudem der **Chinesische Garten** am Gondelteich, weil er die größte Einzelanlage dieser Art in Deutschland ist. Die Pavillons wurden von chinesischen Fachleuten errichtet.

AUF EINEN BLICK

Info

STADT/REGION: Nordhausen, Hainleite, Tal der Wipper
BESTE REISEZEIT: April bis Oktober
OPTIMALE REISEDAUER: 2–3 Tage
TOURISTINFO: Markt 1, 99734 Nordhausen, Tel. 03631/69 67 97, stadtinfo@nordhausen.de, www.nordhausen.de

SEHENSWÜRDIGKEITEN

ALTSTADT NORDHAUSEN: www.nordhausen.de
BURG LOHRA, BASILIKA MÜNCHENLOHRA: www.muenchenlohra.de
BURGRUINE HOHNSTEIN: www.burghohnstein.de
SONDERSHAUSEN MIT SCHLOSS: www.sondershausen.de
STEINRINNE BILZINGSLEBEN: www.steinrinne-bilzingsleben.com
WEISSENSEE: www.weissensee.de
WIPPERDURCHBRUCH: www.naturpark-kyffhaeuser.de

STELLPLATZ AM BAD NORDHAUSEN

ADRESSE: Grimmelallee 40, 99734 Nordhausen, Tel. 03631/479 90, team@badehaus-nordhausen.de, www.badehaus-nordhausen.de
ANFAHRT: Auf der A 38 Ausfahrt 11 Nordhausen und auf der B 4 nach Norden zum Stellplatz.
GPS: 51.506104, 10.783884
Der kostenpflichtige, ganzjährig geöffnete Stellplatz liegt einen Kilometer vom Zentrum entfernt am Badehaus direkt an der B 4 auf einem teilweise beschatteten Parkplatz. Vor dem Platz ist eine Bushaltestelle (www.stadtwerke-nordhausen.de). Am Platz sind Stromanschlüsse und Ver- und Entsorgungseinrichtungen. Sanitäranlagen im Bad. Ein Supermarkt und Gaststätten sind 500 Meter entfernt. Zur Nordhäuser Traditionsbrennerei sind es 300 Meter und in den Park Hohenrode 1,4 Kilometer. Die KZ-Gedenkstätte Mittelbau-Dora ist fünf Kilometer, das IFA-Museum zwei Kilometer entfernt.
Weiter stadtauswärts ist der Parkplatz an der Gumpestraße am Park Hohenrode auch für Wohnmobile geeignet, aber ohne jegliche Ver- und Entsorgungseinrichtung.

◀ Am Dom Zum Heiligen Kreuz in Nordhausen ▲ Der Stellplatz an der Gumpestraße ist ein Parkplatz. ▼ Das Freibad am Campingplatz Neustadt am Harz

CAMPINGPLATZ AM WALDBAD NEUSTADT IM HARZ

ADRESSE: An der Burg 3, 99768 Neustadt im Harz, Harztor, Tel. 036331/47 98 91, info@neustadt-harz-camping.de, www.neustadt-harz-camping.de

ANFAHRT: Auf der A 38 Ausfahrt 11 Nordhausen und auf der B 4 nach Norden. In Nordhausen an der Kreuzung rechts auf die Hallesche Straße und gleich wieder links auf der Straße Taschenberg, dann weiter auf der Stolberger Straße (L 1038 und L 1037). In Neustadt im Harz auf der Osteröder Straße rechts und auf der Klostergasse nochmal rechts zum Campingplatz.

GPS: 51.568901, 10.828326

Der ganzjährig geöffnete Campingplatz liegt 18 Kilometer nördlich von Nordhausen am Rand des UNESCO-Geoparks Harz an einem Waldbad und nahe der Burgruine Hohenstein. Vor dem Platz befindet sich eine Bushaltestelle (www.stadtwerke-nordhausen.de). Auf dem Platz gibt es Sanitäranlagen, Duschen, Waschmaschine, Stromanschlüsse, Ver- und Entsorgungseinrichtungen. Ein Supermarkt ist 1,4 Kilometer und eine Gaststätte einen Kilometer entfernt. Zur Burgruine Hohnstein sind es 1,5 Kilometer und einige Meter Aufstieg. Neustadt im Harz ist Luftkurort und heilklimatischer Kurort. Auf dem Campingplatz kann eine PneumoKur gebucht werden.

NATURPARK KYFFHÄUSER

Panoramablick aus schwindelerregender Höhe

Die einst mächtige Oberburg auf dem Kyffhäuser ist 600 Meter lang.

6

Das Kyffhäusergebirge ist zwar das kleinste Mittelgebirge Deutschlands, aber die Scholle hebt sich wie eine Insel dominant aus den umgebenden Auenlandschaften heraus. Der Blick nach Norden schweift über die Goldene Aue, eine weite, fruchtbare Talebene zwischen Harz und Kyffhäuser.

Der Naturpark Kyffhäuser beschützt eine artenreiche Flora und Fauna in ausgedehnten Buchenwäldern und steppenähnlichen Karstgebieten. Im Fokus stehen am Kyffhäuser aber das monumentale Kyffhäuser-Denkmal sowie die Burgen, denn bei allem auf dem Kyffhäuser schwingt auch immer die Kyffhäuser-Sage mit. Nach dieser soll Kaiser Friedrich Barbarossa seit seinem Tod tief im Kyffhäuser schlafen und als vereinender Kaiser erst wieder erwachen, wenn sein Bart dreimal um den Tisch gewachsen ist und die Raben nicht mehr um den Berg fliegen. In der Barbarossahöhle (s. u.) können Besucher mit viel Fantasie den schlafenden Kaiser sehen.

AUF DEM KYFFHÄUSER

Bereits im 10. Jahrhundert entstand auf dem Kyffhäuser eine erste mittelalterliche Burg. Im Jahr 1174 war Kaiser Friedrich Barbarossa auf der nahe gelegenen Pfalz Tilleda und vielleicht auch auf der Reichsburg auf dem Kyffhäuser. Nach der Regierungszeit Kaiser Wilhelms I. wurde das Kyffhäuser-Denkmal 1896 errichtet. Heute kommen jährlich 150.000 Besucher zum Denkmal und zur Oberburg auf dem Kyffhäuser.
Das Besichtigungsareal wird vom 81 Meter hohen **Kyffhäuser-Denkmal** dominiert. Der Turmaufsatz ist 57 Meter hoch. An der Ostseite des Turms ist in den Sockel das Relief des Kaisers Friedrich Barbarossa in den Stein gemeißelt. Darüber steht das Reiterstandbild des Hohenzollernkaisers Wilhelm I. Er ist in absolutistischer Art als Feldherr auf einem Ross dargestellt. Bis zur sechs Meter hohen Krone auf dem Turm führen 274 Stufen hinauf – sie lohnen sich, denn der Ausblick über die fruchtbare Ebene Goldene Aue in den Harz ist einmalig.
Die **Oberburg** auf Ebene des Denkmals ist die im 12. Jahrhundert vollendete Reichsburg Kyffhausen. Die Anlage war mit 600 Meter Länge eine der größten mittelalterlichen Burgen Deutschlands. Der 17 Meter hohe Rest des ehemals 30 Meter hohen Turms beinhaltet eine Ausstellung zur

6

Geschichte der Burg. Berühmt ist der **Burgbrunnen**, der mit 176 Metern der tiefste der Welt sein soll. Die Abteufung des Schachts in den Felsen dauerte Jahrzehnte. Auf der Ostseite des Denkmals liegt etwas niedriger die **Unterburg**, zu der ein Abstieg lohnt. Die romantische Ruinenkulisse des Palas, Bergfried und Kapelle werden von einer weitgehend erhaltenen Ringmauer umfasst. Zwischen Denkmal und Unterburg gibt es einen Steinbruch. Hier stand einst die Mittelburg, die ebenfalls als Steinbruch genutzt wurde. An der Südostseite des Kyffhäusergebirges wartet schließlich die **Barbarossah**öhle auf die Besucher, eine Anhydrit-Gipshöhle mit kristallklaren Seen und bizarren Deckengebilden.

UM DEN KYFFHÄUSER Vom Parkplatz des Kyffhäuser-Denkmals führt ein schöner Wanderweg (Markierung: ein blaues X) in Richtung Kulpenberg. Am Weg liegt die 1698 als Jagdschloss erbaute Rothenburg. Dann geht es hinauf zum Fernsehturm auf dem Kulpenberg mit Einkehrmöglichkeit. Die Tour ist etwa zehn Kilometer lang und überwindet 230 Höhenmeter.

◀ In den Ruinen der alten Unterburg ▶ Um den Kyffhäuser führt ein Wanderweg.

Spiele in historischen Gewändern in der Königspfalz Tilleda

KÖNIGSPFALZ TILLEDA

Das Freilichtmuseum der Königspfalz Tilleda liegt nordöstlich des Kyffhäusergebirges, zwar schon in Sachsen-Anhalt, aber der historische Ort ist in seiner Geschichte und Rekonstruktion einmalig. In Tilleda befand sich vom 8. Bis zum 13. Jahrhundert eine Pfalz der Kaiser und Könige. Es ist die einzige Residenz dieser Art, die in Deutschland ausgegraben wurde. Das Freilichtmuseum versucht, durch die Rekonstruktion der Gebäude, Wehranlagen, Wohnhäuser und Werkstätten ein starkes Bild der einstigen Verhältnisse wiederzugeben.

DURCH DEN WIPPERDURCHBRUCH Das enge Durchbruchstal der Wipper durch den Muschelkalk-Höhenzug Hainleite ist ein herrliches Landschaftselement. Eine Wanderung auf der Höhe zu beiden Seiten des Tals erschließt schönste Tiefblicke. Der Weg zwischen Günserode und Seege tangiert die Ruine Arnsburg, eine Schwedenschanze und ausgedehnte Orchideenstandorte mit Adonisröschen. Die Tourlänge beträgt elf Kilometer und überwindet 300 Höhenmeter.

Der Hausmannsturm über Bad Frankenhausen, ein ehemaliger Bergfried

BAD FRANKENHAUSEN

Die Stadt Bad Frankenhausen liegt in der bezaubernden Region des Kyffhäuser Naturparks. Die einzigartige Landschaft gründet auf den Muschelkalkböden, auf denen üppige Buchenwälder wachsen, und auf den außergewöhnlichen Gipshängen mit Bewuchs von Federgräsern, Orchideen und Adonisröschen. Bad Frankenhausen, bereits im 9. Jahrhundert bekannt, macht heute als **Sole-Heilbad** von sich reden. Die Salzquellen entstanden dank des Durchbruchs des Kyffhäusergebirges. Der Vorgang vor circa 95 Millionen Jahren brachte das Salz verdunsteter Meere zutage. Schon im frühen Mittelalter wurde die Sole in eine Saline geleitet und daraus Salz gewonnen.

Auffällige Wahrzeichen der Stadt sind der Hausmannsturm im Norden und der schiefe Turm. Der ehemalige Bergfried aus dem Jahr 1210 der Burg Franconhus wurde durch seine spätere Nutzung als Brandwachturm für die Stadt zum **Hausmannsturm**. Der Segen der Sole ist der Fluch der Oberkirche. Die Sole im Untergrund wusch den Gips aus, der Untergrund gab nach – und der **schiefe Turm** der Kirche entstand. Er ist 4,60 Meter aus dem Lot, also mehr als der schiefe Turm von Pisa. Durch die Stabilisierung mit einem Ringanker gilt der Turm als gesichert (www.der-schiefe-turm.de, www.bad-frankenhausen.de).

6

PANORAMA-MUSEUM Das Panorama Museum über Bad Frankenhausen präsentiert das Monumentalgemälde »Frühbürgerliche Revolution in Deutschland«. Das Kunstwerk ist 14 Meter hoch und 123 Meter im Umfang. Mit über 3000 Figuren umschließt das Gemälde die Besucher vollkommen und ist mit einem Audio-Guide oder im Rahmen einer Führung zu erleben. www.panorama-museum.de

HELDRUNGEN

Im Jahr 777 wurde Heldrungen am Höhenzug Hohe Schrecke erstmals urkundlich erwähnt. Die erste Nennung einer Burg fand 1126 statt. Anfang des 16. Jahrhunderts wurde an deren Stelle ein vierflügeliges Renaissanceschloss erbaut. Um das Fürstenhaus entstanden Festungswerke und ein doppelter Wassergraben. Das heutige **Wasserschloss Heldrungen** basiert auf den Festungsanlagen nach dem Vorbild des französischen Festungsbaumeisters Vauban aus dem 17. Jahrhundert.

Tipp

Im Höhenzug Hohe Schrecke ist die Natur zum Greifen nah. Eine besondere Attraktion ist die 180 Meter lange und nur 85 Zentimeter breite **Hängeseilbrücke im Bärental**. Auf 23 Meter Höhe über dem Tal fühlen sich mutige Wanderer, als hätten sie Flügel. Die Hängebrücke ist der Einstieg in den Thüringer Urwaldpfad in der Wildnis des Alten Waldes.

Das Wasserschloss Heldrungen wurde nach französischem Vorbild erbaut.

AUF EINEN BLICK

Info

STADT/REGION: Kyffhäuser, Kyffhäuser Land, Hohe Schrecke
BESTE REISEZEIT: April bis Oktober
OPTIMALE REISEDAUER: 2 Tage
TOURISTINFO: Schlossstraße 13, 06567 Bad Frankenhausen, Tel. 034671/717 15, tourismus@bad-frankenhausen.de, www.bad-frankenhausen.de

SEHENSWÜRDIGKEITEN

BAD FRANKENHAUSEN: www.bad-frankenhausen.de
BARBAROSSAHÖHLE: www.barbarossahoehle.de
FREILICHTMUSEUM KÖNIGSPFALZ TILLEDA: www.pfalz-tilleda.de
HÄNGESEILBRÜCKE HOHE SCHRECKE: www.hohe-schrecke.de
KYFFHÄUSER-DENKMAL: www.kyffhaeuser-denkmal.de
NATURPARK KYFFHÄUSER, WIPPERDURCHBRUCH: www.naturpark-kyffhaeuser.de
WASSERBURG HELDRUNGEN: www.stadtanderschmuecke.de

STELLPLATZ KYFFHÄUSER-THERME BAD FRANKENHAUSEN

ADRESSE: August-Bebel-Platz 9, 06567 Bad Frankenhausen, Tel. 034671/51 23, kur@bad-frankenhausen.de, www.kyffhaeuser-therme.de
ANFAHRT: Auf der A 71 Ausfahrt 3 Heldrungen und auf der B 86 und B 85 in nordwestliche Richtung. In Bad Frankenhausen geradeaus auf den August-Bebel-Platz.
GPS: 51.355555, 11.103346
Der kostenpflichtige, ganzjährig geöffnete Stellplatz liegt 200 Meter vom Marktplatz entfernt an der Kyffhäuser Therme. Der gepflasterte Platz mit Wiesenstücken ist teilweise beschattet. 500 Meter zur Bushaltestelle (www.bad-frankenhausen.de). Auf dem Platz sind Stromanschlüsse und Ver- und Entsorgungseinrichtungen. WC und Duschen in der Kyffhäuser Therme. Von Bad Frankenhausen fährt im Sommer ein Bus zum Kyffhäuser (www.vgs-suedharzlinie.de).

Der Stellplatz in Bad Frankenhausen, direkt gegenüber der Therme

PARKPLATZ KYFFHÄUSER-DENKMAL

ADRESSE: Parkplatz, Kyffhäuser 3, 06567 Kyffhäuserland
ANFAHRT: Auf der A 71 Ausfahrt 3 Heldrungen und auf der B 86 und B 85 in nordwestliche Richtung durch Bad Frankenhausen. Auf dem Kyffhäuser auf der L 2297 rechts zum Parkplatz Kyffhäuser.
GPS: 51.414443, 11.098872
Auf dem kostenpflichtigen, ganzjährig geöffneten Parkplatz ist eine Übernachtung geduldet. Am Platz sind keinerlei Ver- oder Entsorgungseinrichtungen. Eine Gaststätte ist 500 Meter entfernt. Der Parkplatz ist ein guter Ausgangspunkt für Wanderungen im Kyffhäusergebirge.

CAMPINGPLATZ SEECAMPING KELBRA

ADRESSE: Lange Straße 150, 06537 Kelbra, Tel. 034651/452 90, buchung@campingplatz-kelbra.de, www.stausee-kelbra.de
ANFAHRT: Auf der A 38 Ausfahrt 13 Berga und auf der B 85 nach Kelbra. Im Ort auf der Lange Straße (L 234) rechts zum Campingplatz.
GPS: 51.425547, 11.002791
Der ganzjährig geöffnete Campingplatz liegt 17 Kilometer nordwestlich von Bad Frankenhausen am Ufer der Talsperre Kelbra mit Möglichkeiten zum Wassersport. Die Bushaltestelle ist einen Kilometer entfernt (www.regionalbus.de). Auf dem Platz mit Wiese sind Sanitäranlagen, Duschen, Waschmaschine, Stromanschlüsse, Ver- und Entsorgungseinrichtungen. Ein Supermarkt ist drei Kilometer und ein Restaurant 800 Meter entfernt. Zum Kyffhäuser-Denkmal sind es zehn Kilometer und zur Barbarossahöhle neun Kilometer.

KLASSISCHES WEIMAR

Epochaler Brennpunkt europäischer Kultur

Das Schloss Belvedere ist eine prunkvolle Anlage mit Orangerie und Park.

7

Über Weimar, seine Umgebung und seinen Einflussbereich könnten noch viele Bücher geschrieben werden. Ein verlängertes Wochenende genügt nicht, um die Stadt mit ihren Schlössern, Parks und UNESCO-Welterbestätten zu erkunden. Zudem bereichern die landschaftlichen Schönheiten im Ilmtal die Reise.

Die UNESCO-Welterbestätte Klassisches Weimar ist ein einzigartiges Zeugnis der Kulturepoche des 18. und 19. Jahrhunderts. In dieser Zeit entstanden literarische Werke bedeutender Geistesgrößen wie Goethe, Schiller, Herder und Wieland. Unter dem Schirm von Herzogin Anna Amalia und ihres Sohnes Carl August wurde Weimar zum kulturellen Zentrum Europas. Die zur Welterbestätte gehörenden Gebäude und Parks bezeugen die außergewöhnliche kulturelle Bedeutung Weimars.
Die Klassik Stiftung Weimar listet zwölf Gebäude und Ensembles auf, die das Welterbegut bilden. Dazu gehören das Goethehaus am Frauenplan, das Gartenhaus Goethes, das Wohnhaus Herders, die alte Universität und das Schillerhaus. Ebenfalls Teil der Welterbestätte sind die Herderkirche, das Ensemble der Residenz, das Wittumspalais, der Park an der Ilm mit dem Römischen Haus, das Schloss Belvedere und sein Park mit der Orangerie, die Schlösser Ettersburg und Tiefurt mit ihren Parks und der historische Friedhof mit den Fürstengräbern. Nicht zuletzt gehört die Anna Amalia Bibliothek mit ihrem berühmten Rokokosaal dazu.

KULTURGESCHICHTE

Zwar als Burg im 9. Jahrhundert schon erwähnt, geschah die Stadtgründung Weimars erst im 12. Jahrhundert. 1552 kam Lucas Cranach d. Ä. in die Stadt, um das berühmte Altarbild in der Stadtkirche Sankt Peter und Paul zu malen. 1708 wurde Johann Sebastian Bach als Hoforganist und Konzertmeister der Hofkapelle Weimar angestellt. Im 18. Jahrhundert übernahm Herzogin Anna Amalia die Regentschaft für ihren minderjährigen Sohn Carl-August, und Christoph-Martin Wieland kümmerte sich um die Erziehung des Prinzen. In dieser Zeit kamen Johann Gottfried Herder, Friedrich Schiller und Goethe nach Weimar. Im 19. Jahrhundert war Franz Liszt Hofkapellmeister in der Stadt. 1919 tagte die Nationalversammlung, das erste frei gewählte Parlament, und verabschiedete die erste demokratische Verfassung für Deutschland. Die junge Demokratie wird heute noch »Weimarer Republik« genannt. Zur gleichen Zeit gründete sich unter Walter Gropius das »Weimarer Bauhaus« als Kunstschule der Moderne. Lyonel Feininger, Wassily Kandinsky, Paul Klee und andere bedeutende Künstler arbeiteten bis 1925 in Weimar.

STADTRUNDGANG

In 500 Meter Entfernung vom Wohnmobilstellplatz am Schwanseebad erreichen wir durch den Weimarhallenpark nach Osten mit dem neuen **Bauhaus-Museum** die erste Sehenswürdigkeit im Quartier der Moderne. Gemäß dem Bauhaus-Manifest von 1918: »Architekten, Bildhauer, Maler, wir alle müssen zum Handwerk zurück. Der Künstler ist eine Steigerung des Handwerkers« zeigt das Museum die Schätze der Bauhaus-Sammlung. Die Ausstellung umfasst 13.000 Objekte und Design-Ikonen wie die Wagenfeld-Lampe oder die Teekanne von Marianne Brandt. Das Bauhaus und seine Stätten in Weimar gehören zum UNESCO-Welterbe.

An der Weimarhalle vorbei auf der Karl-Liebknecht- und Heinrich-Heine-Straße geht es nach Süden und dann links zum **Theaterplatz**. Vor dem Deutschen Nationaltheater, in dem 1919 die Nationalversammlung tagte, steht das **Goethe-Schiller-Denkmal**. Gegenüber wurde im alten Bauhaus-

◀ Das Denkmal für Goethe und Schiller ▶ Das Stadtschloss war einst Residenz.

In Weimar gibt es gemütliche Gastronomiebetriebe in heimeligen Gassen.

Museum das **Haus der Weimarer Republik** eingerichtet. Es beinhaltet eine Ausstellung zur Geschichte der Weimarer Republik (www.hdwr.de). Rechts vom Haus der Weimarer Republik laufen wir auf der Straße Zeughof und Rittergasse zum Herderplatz. Die **Stadtkirche Sankt Peter und Paul**, auch Herderkirche genannt, ist aus dem 15. Jahrhundert (www.weimar-evangelisch.de). Der Flügelaltar von Lucas Cranach dem Älteren und seinem Sohn gilt als Hauptwerk der thüringischen Kunst des 16. Jahrhunderts. Die Kirche gehört gemeinsam mit dem nebenstehenden **Herderhaus** Nummer 8 zum UNESCO-Weltkulturerbe. Durch die Vorwerksgasse nach Osten kommen wir zum **Stadtschloss Weimar**. Die ehemalige Residenz der Herzöge von Sachsen-Weimar und Eisenach bildete über mehrere Jahrhunderte das kulturelle Herz der Stadt.

Tipp

Klassische **Stadt-** und verschiedene **Themenführungen** können in der Touristinfo gebucht werden. Mit einem Stadtplan in der Hand ist eine Stadtbesichtigung aber auch auf eigene Faust möglich. Mit der »weimar card« oder der »weimar card plus« **können** Besucher in Weimar kostenlos an einer Stadtführung teilnehmen, zahlreiche Museen besuchen und mit dem Stadtbus fahren. Zusätzlich gibt es ermäßigte Eintritte zu Veranstaltungen im Deutschen Nationaltheater und andere Vergünstigungen in Weimar und in der Region.

Das Stadthaus am Marktplatz besitzt eine imposante Fassade.

Vom Burgplatz geht es auf der Straße Grüner Markt zum schönen **Marktplatz**. **Rathaus**, **Stadthaus** und die historischen Hotels und Gasthäuser bilden ein ansehnliches Ensemble. Am Hotel Elephant und am Rotem Schloss vorbei kommen wir zum **Platz der Demokratie** mit dem Reiterstandbild des Großherzogs von Sachsen-Weimar-Eisenach, Carl-August. Das breite Gebäude mit dem langen Balkon ist die Hochschule für Musik Franz Liszt, gegenüber ist das Johann-Sebastian-Bach-Denkmal zu sehen. Den Ilmpark abgrenzend, steht die berühmte **Herzogin Anna Amalia Bibliothek**. Sie bildet das Herzstück der Weimarer Klassik. In der Büchersammlung werden literarische Zeugnisse der Kulturgeschichte vom 9. bis zum 21. Jahrhundert aufbewahrt. Der Schwerpunkt des Bibliotheksbestands liegt auf der Epoche zwischen 1750 und 1850. Glücklich, wer die Bibliothek besichtigen darf. Aus konservatorischen Gründen ist die Besucherzahl des Rokokosaals nämlich eingeschränkt. Auch im Vorverkauf sind die Eintrittskarten oft auf lange Zeit ausgebucht. Eine geringe Anzahl von Karten ist in der Touristinfo, an der Kasse im Bibliotheksgebäude und im Ticketshop der Klassik Stiftung Weimar erhältlich.

Wer **Goethes Wohnhaus** mit dem **Goethe-Nationalmuseum** sehen möchte, geht hinter der Hochschule für Musik auf der Puschkinstraße zum Frauenplan. Noch weiter südlich ist in der Geschwister-Scholl-Straße 8 das Hauptgebäude der **Bauhaus-Universität Weimar** zu finden. Der Henry-van-de-Velde-Bau ist eines der bedeutendsten Bauhaus-Gebäude (www.uni-weimar.de). Ein weiteres wichtiges Gebäude der Bauhaus-Architektur ist das **Haus Am Horn** auf der anderen Seite des Ilmparks. Es ist in allen seinen Elementen bis hin zur Einrichtung ein Musterhaus der revolutionären Gedanken der Bauhausschule und gehört zum UNESCO-Welterbe.

Tipp

Ein Spaziergang an der Ilm ist nach einer Stadtbesichtigung wohltuend. Besser ist es aber, für den romantischen Ilmpark aus dem 18. Jahrhundert einen ganzen Tag einzuplanen. Der ausgedehnte Ilmpark ist über zwei Kilometer lang und bietet verschiedene Sehenswürdigkeiten wie das Borkenhäuschen, die Ruine des Tempelherrenhauses, die Villa Haar, das Römische Haus, die Schaukelbrücke und natürlich Goethes Gartenhaus. Das ehemalige Weinberghaus bezog Johann Wolfgang Goethe 1776. Die Einrichtungsgegenstände aus dem Nachlass des Dichters können besichtigt werden.

BESICHTIGUNGEN MIT DEM FAHRRAD Der Radweg Thüringer Städtekette ist 230 Kilometer lang und verbindet Eisenach mit Gotha, Erfurt, und Weimar. Von Weimar nach Erfurt sind es nur 24 Kilometer. www.thueringer-staedtekette.de

Ein Spaziergang im historischen Park an der Ilm bringt Erholung.

7

Der Ilmtalradweg ist 133 Kilometer lang und verbindet Kranichfeld mit Bad Berka, Buchfahrt und Weimar. Von Weimar über den idyllischen Ort Buchfahrt nach Kranichfeld sind es nur 30 Kilometer. www.Ilmtal-radweg.de

IDYLLISCHES BUCHFAHRT

Auch der malerische kleine Ort Buchfahrt an der Ilm, sieben Kilometer südlich von Weimar, ist ein lohnenswertes Ausflugsziel. Eine alte **Holzbrücke** über die Ilm bildet mit der Wassermühle ein idyllisches Ensemble. Über dem reizvollen Ort Buchfahrt liegen in den über 50 Meter hohen Muschelkalkwänden die Reste einer **Höhlenburg**. Sie stammt wohl aus dem 13. oder 14. Jahrhundert. Auf die Abbruchkante führt ein Wanderweg hinauf zu einem Aussichtspunkt. Die Höhlenburg kann aber nicht besichtigt werden (www.kahla.de).

Blick von der historischen Holzbrücke auf die Mühle in Buchfahrt

Eine Wanderung führt von Weimar längs der Ilm zum Schloss Belvedere.

VON SCHLOSS ZU SCHLOSS

Herzog Ernst August ließ sich im 18. Jahrhundert 20 Jagd- und Lustschlösser bauen, wovon die barocke **Lustschlossanlage Belvedere** mit herrlicher Orangerie das bedeutendste ist. Die Ausstellungsstücke des Museums im Schloss sind Gegenstände der herzoglichen Hofhaltungen. Der 43 Hektar große Park umfasst einen Botanischen Garten, einen Russischen Garten, einen Irrgarten und die Orangerie mit den dazugehörigen Gärten.

ZUM SCHLOSS BELVEDERE Vom Weimarer Marktplatz durch den Ilmpark, vorbei an Goethes Gartenhaus, steigt man am Schluss zum Schloss Belvedere hinauf. Zurück kann man den Weg über die Felder, im Schanzengraben abwärts und im Ilmpark an der Schaukelbrücke, am Römischen Haus und an der Ruine des Tempelherrenhauses vorbei nehmen. Die Tour ist elf Kilometer lang und kann auch mit dem Fahrrad durchgeführt werden.

Der Wald auf dem Ettersberg, in dem auch die Gedenkstätte Buchenwald liegt, wurde von den Weimarer Herzögen als Jagdgebiet genutzt. Herzog Ernst August vollendete Anfang des 18. Jahrhunderts die **Schlossanlage von Ettersburg**. Die Herzoginwitwe Anna Amalia hielt ihr sommerliches Hoflager in Ettersburg ab und versammelte um sich einen literarisch-musischen Kreis. Durch den Schlosspark kann in einer drei Kilometer langen Wanderung die Gedenkstätte Buchenwald erreicht werden.

Ein beklemmendes Mahnmal erinnert an die Grauen in Buchenwald.

GEDENKSTÄTTE BUCHENWALD Die Gedenkstätte Buchenwald erinnert an die Verbrechen, die im Konzentrationslager während der Zeit des Nationalsozialismus begangen wurden. 56.000 Menschen kamen dort durch die SS zu Tode. Weitere 7000 starben unter den Russen nach 1945 in deren Internierungslager. Heute sind dort historische Gebäude, Relikte aus der Lagerzeit und Dauerausstellungen zu besichtigen. www.buchenwald.de

Das **Schloss Tiefurt** war zusammen mit dem idyllischen Schlosspark an der Ilm Herzogin Anna Amalias Sommersitz. Ihr gefiel das bescheidene ländliche Ambiente, und auch dort versammelte sie Gelehrte, Dichter und Freunde um sich. In der Ausstellung sind einige Kunstwerke und berühmte Porzellane zu sehen. Eine Besonderheit ist die »Kalte Küche«, in der Gerichte aus Papiermaché Speisen täuschend echt imitieren.
Im Weimarer Land stehen einige Schlösser, die alle mit der Geschichte Weimars zusammenhängen. Über das **Renaissanceschloss Kromsdorf** an der Ilm kommt man zum **Wielandgut Oßmannstedt** Das barocke Gutshaus, heute ein Museum mit zum Teil noch originalem Interieur, und der Park geben Einblicke in das Leben und Wirken des bedeutenden Dichters der Aufklärung Christoph Martin Wieland.

7

Vier Kilometer weiter nördlich steht im Ort Liebstedt die **Ordensburg Liebstedt** mit einem Dreifach-Graben-Wallsystem. Sie ist die einzige erhaltene Burg des Deutschen Ordens in Deutschland. Auf dem bedeutenden Pilger- und Handelsweg Kupferstraße von Hamburg nach Venedig war die Anlage eine Durchgangsburg, die Kupferstraße führte also durch die Burg. Nachdem Napoleon den Deutschen Ritterorden 1809 aufgelöst hatte, war sie ein landwirtschaftliches Gut. Heute sollen dort Kunst, Kultur und viele Tiere Platz finden.

Im mittleren Saaletal schließlich ist das Ensemble der **Dornburger Schlösser** schon von Weitem zu sehen. Ringsum sind Weinberge, in denen der Saale-Unstrut-Wein wächst. Die drei Schlösser aus verschiedenen Zeiten verbinden die Renaissance mit dem Rokoko. Das Alte Renaissanceschloss im Norden ging aus dem Umbau einer mittelalterlichen Burganlage hervor. Das Renaissanceschloss im Süden entstand im 16. Jahrhundert. Und im 18. Jahrhundert wurde das Rokokoschloss errichtet. Von den Schlössern eröffnet sich ein schöner Blick auf die faszinierende Landschaft des Saaletals.

Das Rokokoschloss steht bei Dornburg hoch über dem Saaletal.

AUF EINEN BLICK

Info

STADT/REGION: Weimar, Saaletal
BESTE REISEZEIT: April bis Oktober
OPTIMALE REISEDAUER: 2–3 Tage
TOURISTINFO: Markt 10, 99423 Weimar, Tel. 03643/74 50, tourist-info@weimar.de, www.weimar.de

SEHENSWÜRDIGKEITEN

DORNBURGER SCHLÖSSER: www.dornburg-saale.de
ETTERSBURG: www.klassik-stiftung.de
ILMPARK: www.klassik-stiftung.de
LIEBSTEDT: www.burg-liebstedt.de
OSSMANNSTEDT: www.klassik-stiftung.de
SCHLOSS BELVEDERE: www.klassik-stiftung.de
TIEFURT: www.klassik-stiftung.de
WEIMAR: www.weimar.de, www.klassik-stiftung.de

STELLPLATZ HERMANN-BRILL-PLATZ WEIMAR

ADRESSE: Herrmann-Brill-Platz, 99423 Weimar, Tel. 03643/76 24 20, wirtschaft@stadtweimar.de, www.weimar.de
ANFAHRT: Auf der A 4 Ausfahrt 49 Weimar und auf der Rudolstädter Straße, Berkaer Straße nach Norden. In Weimar an der Kreuzung links auf die Rudolf-Breitscheid-Straße, Trierer Straße und Fuldaer Straße zum Schwanseebad.
GPS: 50.985002, 11.316397
Der kostenpflichtige, ganzjährig geöffnete Stellplatz liegt 1,5 Kilometer vom Marktplatz entfernt am Schwanseebad. Der asphaltierte Platz ist wenig beschattet. Vor dem Bad ist eine Bushaltestelle (sw-weimar.de). Auf dem Platz sind Stromanschlüsse, Ver- und Entsorgungseinrichtungen (nicht im Winter). Zum Bauhaus-Museum sind es 500 Meter, zu Goethes Gartenhaus im Ilmpark zwei Kilometer.

STELLPLATZ SAUNABAD WEIMAR-LEGEFELD

ADRESSE: In der Buttergrube 11, 99428 Weimar, Tel. 03643/95 30 03, info@saunabad-weimar.de, www.saunabad-weimar.de

◀ Die Ordensburg Liebstedt stammt aus dem 10. Jahrhundert. ▲ Der Stellplatz in Weimar ist auf einem Parkplatz. ▼ Der Campingplatz Ettersburg bietet Ruhe.

ANFAHRT: Auf der A 4 Ausfahrt 49 Weimar und auf der Legefelder Hauptstraße nach Süden und am Kreisverkehr rechts zum Saunabad.
GPS: 50.935546, 11.286383
Der ganzjährig geöffnete, kostenpflichtige Stellplatz liegt sieben Kilometer südlich von Weimar. Der gepflasterte Platz ist wenig beschattet. Eine Bushaltestelle ist 500 Meter entfernt (sw-weimar.de). Auf dem Platz sind Stromanschlüsse, aber keine Ver- und Entsorgungseinrichtungen. Ein Supermarkt und Restaurant sind 400 Meter entfernt. Am Platz kann ein Saunabesuch gebucht werden.

CAMPINGPLATZ ETTERSBURG

ADRESSE: Badteichweg 1, 99439 Ettersburg, Tel. 176/22 84 14 64, info@camping-weimar.de, www.camping-weimar.de
ANFAHRT: Auf der A 4 Ausfahrt 49 Weimar und auf der Rudolstädter Straße nach Norden durch Weimar und Ettersburger Straße (L 1054) in Richtung Ettersburg.
GPS: 51.035562, 11.28693
Der von April bis Oktober geöffnete Campingplatz liegt acht Kilometer vom Zentrum Weimars entfernt. 700 Meter sind es bis zur Bushaltestelle (sw-weimar.de). Auf dem Platz sind Sanitäranlagen, Duschen, Waschmaschine, Stromanschlüsse, Ver- und Entsorgungseinrichtungen und ein Schwimmbecken. Ein Supermarkt ist 700 Meter und eine Gaststätte 900 Meter entfernt. Zur Gedenkstätte Buchenwald sind es vier Kilometer.

GERA & DAS ALTENBURGER LAND

Authentisch und weltoffen

Am Marktplatz in Altenburg mit Blick aufs Rathaus und die Brüderkirche

8

In der reizvollen Hügellandschaft mit Feldern und Wäldern des Altenburger Landes und des Osterlandes sind einige Seen eingebettet. Die Residenzstadt Altenburg bietet neben dem Schloss und dem historischen Altstadtgebiet viel Kulturelles. Gera zeigt die größte Dichte an Bauten der Bauhaus-Architektur.

Das authentische Altenburger Land ist ein Paradies für Familien, Aktivurlauber und Romantiker. Zuweilen stehen noch die alten Vierseithöfe inmitten der bäuerlichen Landschaft (www.altenburger-bauernhoefe.de). Daneben hat eine jahrtausendealte Geschichte in Altenburg und im Altenburger Land in Form von Schlössern und Burgen beachtliche Spuren hinterlassen, während 53 Bauhaus-Denkmäler der Avantgarde-Architektur des 20. Jahrhunderts von der kulturellen Weltoffenheit der einstigen Industriestadt Gera zeugen.

STADTRUNDGANG DURCH ALTENBURG

Im Jahr 976 wurde Altenburg erstmals urkundlich erwähnt. Im 12. Jahrhundert erwarb die Stadt die Rechte einer Reichsstadt, und der Stauferkaiser Barbarossa und Otto IV. hielten in der Kaiserpfalz Hof. Ab 1603 war Altenburg Residenz der Ernestiner Linie des Fürstengeschlechts der Wettiner. Das **Residenzschloss Altenburg** im Stil der Renaissance thront über der Stadt. Dessen Baugeschichte geht allerdings auf verschiedenste Stilepochen aus einer Zeitspanne von fast 1000 Jahren zurück. Der dicke Wohnturm, genannt »Flaschenturm«, stammt aus dem 11. Jahrhundert, und der untere Teil des über 60 Meter hohen Hausmannsturm ist der frühere Bergfried aus dem 10. Jahrhundert. Sowohl der Flaschen- als auch der Hausmannsturm können bestiegen werden – beste Aussicht über Altenburg hinaus ist garantiert. Die spätgotische **Schlosskirche** entstand auf einem älteren Bau des 15. Jahrhunderts. Beachtung verdienen das diffizile **Sterngewölbe** und der monumentale **Altar**. Schon Johann Sebastian Bach wusste die **Trost-Orgel** mit dem reich geschmückten Prospekt zu schätzen. Die westlichen Gebäude und die im Halbrund angeordneten Bauten wurden oftmals verändert oder vergrößert. Im **Schlossmuseum** zeigen sich die herzoglichen Gemächer und die Festsäle in restauriertem Glanz.

8

Tipp

Die Stadt Altenburg ist auch als »Skatstadt« bekannt, denn hier wurde das Kartenspiel erfunden, und seit über 400 Jahren werden hier auch Spielkarten hergestellt. Einblicke in die kulturhistorische Bedeutung der Spielkarte bietet das Spielkartenmuseum im Residenzschloss – es listet allein über 6000 historische Kartenspiele auf. In der interaktiven Kartenmacherwerkstatt können Kinder einen Kartenbogen erstellen und am historischen Druckstock abziehen. www.residenzschloss-altenburg.de

Im Schlosspark mit altem Baumbestand blühen vor der **Orangerie mit Teehaus** die Magnolienbäume. Das große Marstallgebäude trägt sein Äußeres in der Patina des neogotischen Stils. Der große Neorenaissancebau am östlichen Ende des Schlossparks ist das **Lindenau Museum**, ein Kunstmuseum von Weltrang, denn es zeigt bedeutende Werke von der Antike bis zur zeitgenössischen Kunst. Darunter finden sich etwa Schöpfungen von Botticelli, Brueghel, Slevogt, Liebermann, Klinger und Dix. Zurzeit (Stand: November 2023) wird das Gebäude allerdings umfassend saniert; die Sammlungen befinden sich interimsweise in der Kunstgasse 1 (www.lindenau-museum.de).

◀ Durch den Triumphbogen kommt man zum Schloss Altenburg ▶ Die Schlosskirche

Das Theater Altenburg ist ein repräsentativer Bau mit großer Tradition.

Die Altstadt mit ihren repräsentativen Bauten bildet eine geschlossene Architektur verschiedenster Stile. Auf dem Platz Am Brühl, hinter dem Neorenaissance-Theater, befindet sich der **Skatbrunnen** vor dem Seckendorffschen Palais, eine Reminiszenz an das alte Handwerk der Spielkartenherstellung. Gut 100 Meter weiter nördlich vom Platz Am Brühl kann man in der Pauritzer Straße 2 den original erhaltenen **Herren- und Damen-Frisiersalon** aus den 1920er-Jahren besichtigen. Etwas westlich vom Platz steht in der Burgstraße die **Stadtkirche Sankt Bartholomäi**, deren Krypta noch aus der Hochromanik stammt (www.evangelische-kirchgemeinde-altenburg.de). Das **Rathaus** mit seinem achteckigen Treppenturm und den Erkern wird zu den schönsten Renaissance-Rathäusern Deutschlands gezählt. Den großen **Marktplatz** südwestlich des Schlosses umgeben prächtige Bürgerhäuser und romantische Gassen. Vom Markplatz aus sind im Osten über den Dächern die »Roten Spitzen« zu sehen, das Wahrzeichen der Stadt. Es sind die ungleichen romanischen Backsteintürme der Kirche des ehemaligen Augustinerklosters, das Kaiser Friedrich I. Barbarossa, der sich einige Male in der Kaiserpfalz in Altenburg aufgehalten hatte, im 12. Jahrhundert gestiftet hat. Direkte Blickachse besteht vom Marktplatz nach Westen zur neogotischen **Brüderkirche**, in der Martin Luther und sein Freund Georg Spalatin predigten. Zu jeder Stunde erklingt das Glockenspiel der Kirche.

▲ Blick über die Neue Landschaft Ronneburg ◀ Das Wahrzeichen Altenburgs sind die »Roten Spitzen«. ▶ Das Rathaus in Ronneburg aus dem 15. Jahrhundert

Südöstlich vom Markt liegen der Kleine und der Große Teich, von Mönchen im Mittelalter angelegte Wasserreservoirs und Fischteiche. Im **Kleinen Teich** spiegeln sich die »Roten Spitzen« – ein Topmotiv für jeden Fotografen. Der **Große Teich** vor dem Wohnmobilstellplatz dient der Erholung und Entspannung verschiedenster Art. Im **Inselzoo** gibt es neben den meist einheimischen Tieren auch ein Streichelgehege und einen Bootsverleih.

ALTENBURGER KÄSE Der Altenburger Käse ist deutschlandweit bekannt. Eine besondere Spezialität ist der Altenburger Ziegenkäse, der seit 1897 nach traditioneller Rezeptur gekäst wird. Er besteht aus 85 Prozent Kuh- und 15 Prozent Ziegenmilch mit einer Prise Kümmel. Im Werksverkauf der Käserei Altenburger Land können alle Spezialitäten erstanden werden. Man kann die 16-Kilometer-Strecke von Altenburg wunderbar mit dem Rad zurücklegen und gleich nebenan auch noch eine Bockwindmühle besichtigen. www.kaeserei-altenburgerland.de, www.bockwindmuehle-lumpzig.de

8

Tipp

Sieben Kilometer östlich vor Gera liegt das Städtchen Ronneburg mit einigen Häusern und einem Schloss aus früheren Zeiten. Es ist vor allem bekannt durch die **Neue Landschaft Ronneburg** – aus 800 Hektar Abraumhalden aus dem Urantagebau wurden im Rahmen einer Bundesgartenschau neue Landschaften gestaltet. Im Gelände gibt es die Erlebnisbrücke Drachenschwanz, einen Aussichtsturm, ein großes Arboretum und vieles mehr.

BURG POSTERSTEIN

Sechs Kilometer östlich von Ronneburg steht die 800 Jahre alte Burg Posterstein auf einem Felsvorsprung. Zwischen Verlies und Burgturm führen die Ausstellungen in den barocken Räumen des Museums durch die Geschichte – von der Zeit der Gründung der Burg unter Kaiser Friedrich I. Barbarossa bis hin zum frühen 19. Jahrhundert. Für Familien mit Kindern ist vor allem die Ausstellung »Die Kinderburg« empfehlenswert, die die Geschichte der Burg für die Kleinen gut nachvollziehbar erzählt. Vom 25 Meter hohen Turm bietet sich zudem für jedermann eine wunderbare Aussicht bis ins Erzgebirge.

Die Orangerie in Gera steht in der hübschen Parkanlage Küchengarten.

8

RADWEG STÄDTEKETTE Der Radweg (s. auch S. 79) führt 230 Kilometer von Stadt zu Stadt und von West nach Ost durch Thüringen. Er beginnt in Eisenach und verläuft über Gotha, Erfurt, Weimar und andere wichtige Städte bis nach Altenburg. Von Altenburg nach Gera sind es nur 43 Kilometer, als Tagesausflug zumindest mit dem E-Bike problemlos möglich. www.thueringer-staedtekette.de

BAUHAUS-STADT GERA

Die Stadt Gera an der Weißen Elster liegt in einer reizvollen Hügellandschaft im Norden des Vogtlandes. Hier begegnet man der Bauhaus-Architektur in ganz besonderem Maße. Mit 53 Baudenkmälern weist Gera die größte Dichte an Bauten aus dieser Zeit auf. Architektur von Henry van de Velde, Thilo Schoder (Schäferklinik) und anderen prägt das Stadtbild. Zu den berühmtesten Bauhaus-Gebäuden zählt das Haus Schulenburg von van de Velde, eine fast schon schlossartige Villa, die heute als Museum genutzt wird. Wer es sehen möchte, fährt in die Straße des Friedens 120. Mit verschiedenen Kunstsammlungen und Museen besitzt Gera darüber hinaus weitere wichtige Kunsttempel.

Das Haus Schulenburg ist eines der berühmtesten Bauhaus-Gebäude.

Der Orangerie gegenüber steht das imposante Theater Gera.

Am Marktplatz mit Bürgerhäusern des 18. Jahrhunderts hebt sich die **Stadtapotheke** heraus. Der Renaissancebau von 1592 besitzt einen reich geschmückten Erker. Das **Rathaus** mit dem Turm erhielt im 16. Jahrhundert sein heutiges Aussehen. An der Nordecke des Marktplatzes kommt man auf der Großen Kirchenstraße nach Osten zur **Salvatorkirche** aus dem 18. Jahrhundert. Die Innengestaltung im Jugendstil wurde natürlich erst später hinzugefügt. Eine besondere Attraktion ist das unterirdische Labyrinth der Altstadt. Die Geraer historischen **Höhler** dienten einst der Bierlagerung. Auf der Greizer Straße nach Süden steht auf der linken Seite das **Ferbersche Haus**, in dem das Museum für Angewandte Kunst untergebracht ist.

Westlich des Hauptbahnhofs befindet sich in der Küchengartenallee die **Orangerie** mit einer schönen Gartenanlage. Sie beherbergt die Kunstsammlung Gera mit Werken von Otto Dix. Wer mehr von diesem Künstler sehen möchte: Weiter westlich über der Weißen Elster befindet sich am Mohrenplatz 4 das **Otto-Dix-Haus** mit einer der bedeutendsten Dix-Sammlungen (www.museen-gera.de). Und im bewaldeten Hügel gleich oberhalb ist das **Schloss Osterstein** zu sehen (www.osterstein-gera.de).

AUF EINEN BLICK

Info

STADT/REGION: Gera, Altenburg und Altenburger Land
BESTE REISEZEIT: April bis Oktober
OPTIMALE REISEDAUER: 2 Tage
TOURISTINFO: Markt 1a, 07545 Gera, Tel. 0365/838 11 11, tourismus@gera.de, www.gera.de

SEHENSWÜRDIGKEITEN

ALTSTADT ALTENBURG: www.stadt-altenburg.de
ALTSTADT GERA: www.gera.de
BAUHAUS ARCHITEKTUR: www.haus-schulenburg-gera.de
BURG POSTERSTEIN: www.burg-posterstein.de
RONNEBURG: www.ronneburg.de

STELLPLATZ GESSENPARK GERA

ADRESSE: Gessentalstraße 21, 07551 Gera, Tel. 0365/73 20 60, mail@gessenpark.de, www.gessenpark.de
ANFAHRT: Auf der A 4 Ausfahrt 58b Kreuz Gera und auf der B 2 und B 92 nach Südwesten. Auf der Reichsstraße und Gessentalstraße über die Straße der Völkerfreundschaft zum Gessenpark.
GPS: 50.8586, 12.0925

Ronneburg blickt auf eine 700-jährige Geschichte zurück.

◀ Das prächtige Theater in Gera ▲ Auf dem Stellplatz Gessenpark in Gera
▼ Der Stellplatz in Altenburg garantiert Nachtruhe.

Der kostenpflichtige, ganzjährig geöffnete Stellplatz liegt 2,7 Kilometer vom Markt entfernt. Der gepflasterte Platz mit Wiesenstücken hat keine Schattenplätze. 300 Meter zur Straßenbahnhaltestelle (www.gvbgera.de). Auf dem Platz sind Sanitäranlagen, Duschen, Stromanschlüsse, Ver- und Entsorgungseinrichtungen. Ein Supermarkt und eine Gaststätte sind einen Kilometer entfernt. Ein Spaziergang auf den Lasurberg mit Aussicht ist einfach 1,5 Kilometer weit, und zum Tierpark sind es vier Kilometer.

STELLPLATZ ALTENBURG

ADRESSE: Teichpromenade, 04600 Altenburg, Tel. 03447/59 46 45, info@altenburg.travel, www.altenburg.travel
ANFAHRT: Auf der A 4 Ausfahrt 60 Ronneburg und auf der B 7 nach Nordosten in Richtung Altenburg. Von der B 7 links auf die Schmöllnsche Landstraße zum Stellplatz.
GPS: 50.978884, 12.430263
Der kostenpflichtige, ganzjährig geöffnete Stellplatz liegt einen Kilometer vom Markt entfernt am großen Teich mit Insel-Zoo. Der Rasengitterplatz bietet keinen Schatten. 100 Meter zur Bushaltestelle (www.altenstadt.de). Auf dem Platz sind Sanitäranlagen, Duschen, Stromanschlüsse, Ver- und Entsorgungseinrichtungen. Ein Supermarkt ist 800 Meter und eine Gaststätte 400 Meter entfernt. Das Residenzschloss mit Spielkartenmuseum erreicht man nach 1,8 Kilometern.

RUND UMS THÜRINGER MEER

Strandfeeling im Saalebogen

Der Aussichtsturm über der Saale ist ein touristischer Anziehungspunkt.

9

Die Stauseen an der Saale sind ein Eldorado für Wassersportler und Badenixen. Besonders die Talsperre Hohenwarte, drittgrößter Stausee Deutschlands und »Thüringer Meer« genannt, zieht Urlauber nicht nur für ein Wochenende an. Auch die Wälder im Holzland und Vogtland verheißen Ruhe und Entspannung.

Die Urlaubslandschaft am Saalebogen in den östlichen Ausläufern des Thüringer Waldes ist eine der schönsten Gegenden Thüringens. Daran haben die fünf Stauseen einen großen Anteil. Die Aufstauung der Saale zu diesen Stauseen ergaben die sogenannten Saalekaskaden, die insgesamt 80 Kilometer lang sind.

DAS THÜRINGER MEER

Der **Bleiloch-Stausee** und der **Hohenwarte-Stausee** sind die größten der Seen, für die mit dem Bau der Stauanlagen ab 1932 Dörfer weichen mussten. Daraus ist inzwischen eine schöne Landschaft entstanden, die einen hohen Freizeitwert aufweist. Immer mehr Menschen finden an den Seen im waldreichen Tal der Saale Ruhe in der Natur und können sich bei sportlichen Aktivitäten austoben. Die **Fahrgastschifffahrt** verleitet zum Müßiggang, und eine Kanutour ist etwas für Entdecker. Die Seen sind nicht zuletzt das ideale Gebiet für Camper, Wanderer, Radfahrer und Wassersportler.
Die Stauseeregion gehört zum **Naturpark Thüringer Schiefergebirge/ Obere Saale**. Das Obere Saaletal zeichnet sich durch enge Täler zwischen steilen, bewaldeten Bergen aus. Darüber weiten sich Hochflächen mit herrlichen Aussichtspunkten. Als Ausflugsziele sind liebenswerte Fachwerkdörfer, alte Burgen und historische Städte zu finden.

SAALERADWEG Der 410 Kilometer lange Saaleradweg verläuft auf den Etappen 3 und 4 entlang des Bleiloch-Stausees und des Hohenwarte-Stausees. Über die sehr unterschiedlichen Entfernungen der Radtouren um die Stauseen informiert die Website. Eine weitere Möglichkeit ist die 16 Kilometer lange Ausflugstour von Hohenwarte zu den Feengrotten in Saalfeld an der Saale. www.saaleradweg.de

9

Tipps

Der Qualitätsweg **Hohenwarte-Stausee-Weg** ist 74 Kilometer lang und führt durch Fjordlandschaften, urwüchsige Wälder, zu malerischen Badebuchten und Aussichtspunkten auf hohen Felsen um den gesamten Stausee. Mit dem Wanderbus »Thüringer Meer« (www.kombus-online.eu) und mit den Booten der Fahrgastschifffahrt Hohenwarte (www.fahrgastschiffahrt-hohenwarte.de) können auch nur einzelne Etappen ausgewählt werden (www.thueringer-wald.com/w/hohenwarte). Und: Die »ThüringerWaldCard« bietet Vorteilsangebote auch am Thüringer Meer. www.thueringer-meer.de, www.thueringer-waldcard.de

Eine 13 Kilometer lange Rundwanderung verbindet die **Leuchtenburg,** wo das Museum Porzellanwelten besichtigt werden kann, mit der 1620 erbauten **Jagdanlage Rieseneck**. Von Kahla geht es über Kleineutersdorf zur Jagdanlage aus der Feudalzeit mit verschiedenen Sehenswürdigkeiten. Zurück führt die Wanderung wieder durch Kahla auf die Leuchtenburg – auch »Königin des Saaletals« genannt. www.kahla.de, www.leuchtenburg.de

◀ Blick in den Hof der Leuchtenburg ▶ Die historische Jagdanlage Rieseneck

In Greiz stehen in guter Lage an der Elster mondäne Häuser.

SCHLOSS BURGK

Der 43 Meter hohe Saaleturm bei Burgk gewährt einen weiten Ausblick über die Schleifen der Saale und auf Schloss Burgk, das auf einem Felsen über dem Fluss thront. Das Schloss stammt aus dem 15. Jahrhundert und wurde im 17. Jahrhundert zu einem barocken Schloss ausgebaut. Aus dem 18. Jahrhundert stammen die Rokoko-Ausschmückungen der Räume und die **Silbermann-Orgel**. Die historischen Wohnräume mit kostbarem Interieur sind Teil des Museums im Schloss.

RESIDENZSTADT GREIZ

Aus dem 13. Jahrhundert stammen die ersten schriftlichen Belege für eine Burg und Kirche in *Groytz*. 1527 wurde der Ort zur Stadt erhoben und entwickelte sich im 17. Jahrhundert durch eine frühe Textilindustrie. 1778 wurde Greiz Residenzstadt des Fürstentums Reuß.
Gehen Besucher der Stadt vom Parkplatz Elsterufer auf der Brücke über den Fluss, so fällt der Blick rechts auf den Schlossgarten vor dem Unteren Schloss und links auf das Obere Schloss. Das **Untere Schloss** wurde als Residenz im 16. Jahrhundert erbaut. Das jetzige klassizistische Erscheinungsbild entstand im Jahr 1809. Heute befindet sich darin ein Museum. Das Untere Schloss bildet mit der nebenstehenden **Stadtkirche Sankt Marien** ein klassizistisches Ensemble. Die **Alte Wache** hinter dem Schloss schließt sich dem klassizistischen Stil an.

▲ Blick vom Oberen Schloss über Greiz ◀ In der Oberen Schlossanlage Greiz
▶ Das Rondell im Schanzengarten entstand 1751.

Auf der Burgstraße nach Norden kommt man zum dreieckigen Marktplatz mit dem neogotischen **Rathaus**. Am Platz fallen die **Häuser im Jugendstil** auf. In Greiz gibt es besonders im Quartier zwischen Marktstraße und Thomasstraße viele Gebäude dieses Baustils. Greiz liegt übrigens an der Europäischen Straße des Jugendstils zwischen Barcelona und Riga. Zu diesem Thema gibt es in der Touristinfo im Unteren Schloss eine spezielle Broschüre.

Entlang der Elster nach Westen liegt der große **Fürstliche Greizer Park** mit dem **Sommerpalais** nach französischem Vorbild aus dem 18. Jahrhundert. Der Louis-seize-Stil ist eine frühe Form des Klassizismus. Das Wahrzeichen von Greiz ist das **Obere Schloss**. Die Umgestaltung der mittelalterlichen Burg zur gräflichen Residenz im Stil der Renaissance erfolgte bis 1714.

Weitere Anbauten zeigen den spätbarocken Stil. Von der Burganlage aus dem 12. Jahrhundert ist noch die **romanische Doppelkapelle** erhalten. Auch das Obere Schloss beinhaltet ein Museum. Unterhalb der südlichen Spitze der Schlossanlage liegt der Schanzengarten mit **Schanzenrondell** im Rokokostil, von dem sich ein schöner Blick über die Stadt zeigt.

WISSENSCHAFTSSTADT JENA

Im 12. Jahrhundert wurde der einstige Ort um die Burg zum Markt mit Münzrecht. Durch die Universität erlebte Jena im 17. Jahrhundert eine Blütezeit. Zu einem wissenschaftlichen Zentrum wurde die Stadt schließlich zu Beginn des 20. Jahrhunderts mit der Gründung des Zeiss-Werks und des glastechnischen Laboratoriums Schott. Heute ist Jena eine lebendige Wissenschaftsstadt an der Saale.

Mit der Straßenbahn vom Campingplatz Jena kommend, steigen wir am Steinweg aus und laufen geradeaus weiter zur spätgotischen **Stadtkirche Sankt Michael**. Ein Durchgang nach Süden führt genau zum **Marktplatz** mit dem gotischen **Rathaus**, das seine äußere Erscheinung im 18. Jahrhundert erhielt. Über der Turmuhr ist stündlich das Figurenspiel mit dem **Schnapphans** zu sehen. Der Gasthof Zur Sonne und das Fachwerkhaus Göhre sind die ältesten Häuser am Marktplatz. Hinter dem Rathaus gehen wir rechts am 145 Meter hohen Jentower vorbei und sehen das mittelalterliche Stadtmauerensemble **Johannistor**, einen **Wehrgang** und den **Pulverturm**. Halbrechts über den verkehrsreichen Fürstengraben erreichen wir den **Botanischen Garten** und dahinter das **Zeiss-Planetarium Jena**, das Besuchern Ganzkuppel-Projektionen darbietet (www.planetarium-jena.de). Wer das weltberühmte **Deutsche Optische Museum** sehen möchte, geht zum Carl-Zeiss-Platz 12, westlich des Jentowers (www.deutsches-optisches-museum.de).

URIGE KNEIPEN Ein Abstecher vor dem Johannistor in die Wagnergasse führt zu einer Vielzahl an Restaurants und Kneipen in der Jenaer Innenstadt. Neben traditioneller, bodenständiger Küche wie Roulade mit Rotkraut und Klößen oder einer Thüringer Bratwurst sind heutzutage auch leichte Gerichte erhältlich. www.visit-jena.de

AUF EINEN BLICK

Info

STADT/REGION: Stauseen der Saale, Jena
BESTE REISEZEIT: April bis Oktober
OPTIMALE REISEDAUER: mind. 2–3 Tage
TOURISTINFO: Markt 6, 07318 Saalfeld, Tel. 03671/52 21 81, info@saalfeld-tourismus.de, www.saalfeld-tourismus.de

SEHENSWÜRDIGKEITEN

GREIZ: www.greiz.de
JAGDANLAGE RIESENECK: www.saaleland.de
JENA: www.visit-jena.de
LEUCHTENBURG: www.leuchtenburg.de
SAALE-STAUSEEN: www.thueringer-meer.de
SCHLOSS BURGK: www.schloss-burgk.de

CAMPINGPLATZ JENA UNTER DEM JENZIG

ADRESSE: Am Erlkönig 3, 07749 Jena, Tel. 03641/66 66 88, post@jenacamping.de, www.jenacamping.de
ANFAHRT: Auf der A 4 Ausfahrt 54 Jena-Zentrum und auf der B 88 nach Norden. Nach sieben Kilometern rechts auf der Karl-Liebknecht-Straße über die Saale und geradeaus zum Campingplatz.
GPS: 50.935842, 11.608338
Der kostenpflichtige, ganzjährig geöffnete Stellplatz liegt 2,5 Kilometer südwestlich von Saalfeld auf dem Parkplatz der Feengrotten. Der gepflasterte Platz ist teilweise beschattet. Vor dem Platz halten Bus und Straßenbahn (www.kombus-online.eu). Sanitäranlagen, Duschen, Stromanschlüsse, Ver- und Entsorgungseinrichtungen sowie ein Restaurant sind auf dem Platz vorhanden, ein Supermarkt ist einen Kilometer entfernt. Eine schöne Fahrradtour ist der einfach 23 Kilometer lange Weg zur Oberweißbacher Bergbahn mit Blick über den Thüringer Wald (www.thueringerbergbahn.com).
In Jenzig gibt es noch den kostenfreien Stellplatz am Freibad an der Reschwitzer Straße, der allerdings keine Ver- oder Entsorgungseinrichtungen bietet.

◀ Die klassizistische Schlosswache in Greiz ▲ Der Campingplatz Jena befindet sich am Bad. ▼ Der Jenzig vor dem Campingplatz will erwandert werden.

CAMPINGPLATZ SAALTHAL-ALTER

ADRESSE: Saalthal 7, 07333 Unterwellenborn, Tel. 036732/222 67, info@camping-saalthal-alter.de, www.camping-saalthal-alter.de

ANFAHRT: Auf der A 9 Ausfahrt 26 Triptis und dann auf der B 281 nach Westen. Nach Rockendorf geht es an einer großen Bäckerei links auf der Pößnecker Straße und L 2384 nach Süden und an einem Abzweig links zum Stausee Hohenwarte.

GPS: 50.620836, 11.508346

Der von April bis Oktober geöffnete Campingplatz liegt 50 Kilometer südlich von Jena am Ufer des Stausees Hohenwarte mit Strand und Wassersportmöglichkeiten. Zur Bushaltestelle sind es zwei Kilometer (www.kombus-online.eu). Auf dem gut ausgestatteten Platz sind Sanitäranlagen, Duschen, Waschmaschinen, Küche, Stromanschlüsse, Ver- und Entsorgungseinrichtungen, eine Bootsvermietung, Restaurant und ein kleiner Laden. Die Schiffe der Fahrgastschifffahrt Hohenwarte legen am Ende der Bucht an (www.fahrgastschiffahrt-hohenwarte.de). An den Stauseen sind noch viele weitere Campingplätze zu finden.

HOFLADEN Wer gerne Wild isst, sollte dem Hofladen im Schloss Eichicht in Kaulsdorf einen Besuch abstatten, acht Kilometer vom Campingplatz entfernt. Neben einer großen Auswahl an Wildprodukten sind dort auch regionale Spezialitäten wie Senf oder Thüringer Klöße erhältlich. www.schloss-eichicht.de

IM THÜRINGER SCHIEFERGEBIRGE

Spielwaren und Schiefertafeln

Der Schiefertagebau Lehesten ist heute ein Industriedenkmal und Naturraum.

Das Spielzeug- und Teddybärenmuseum interessiert natürlich Kinder, die spannende Geologie dieser Region vermutlich eher die Erwachsenen. Im Vordergrund stehen hier bei einem Wochenendaufenthalt aber die reizvollen Landschaften des Naturparks Thüringer Schiefergebirge/Obere Saale.

Der Naturraum des Thüringer Schiefergebirges bietet enge Bachtäler zwischen waldreichen Bergen, waldarme Hochflächen mit großartigen Panoramablicken und schiefergedeckte Häuser in den Dörfern. Das Gebirge besteht aus dunklem Schiefer, der sich durch Sedimentation von Mineralien zu Tongestein und dessen Umwandlung durch Druck und Hitze zu Tonschiefer rekristallisiert hat.

BERGBAUHISTORIE

Das »blaue Gold«, wie der Schiefer hier genannt wird, hat **Lehesten** weithin bekannt gemacht. Die Dächer und Fassaden der Häuser im Ort zeugen von der Handwerkskunst der Schieferdachdecker. Die **Kirche** ist ein besonderes Werk der Meister, denn auch der Altar und das Kruzifix sind aus Schiefer hergestellt (www.lehesten.de). Fährt man auf der L 1096 in Richtung Steinbach am Wald nach Südwesten, ist nach drei Kilometern das Technische Denkmal **Historischer Schieferbergbau Lehesten** erreicht. Das auffallende Industrieensemble ist einer der einst größten Schiefertagebaue Europas. Seit dem 13. Jahrhundert wurden hier Dach- und Wandschiefer gespalten und Schiefertafeln für die Schulkinder hergestellt. Das Museum zeigt die Förderung und Verarbeitung des Schiefers. Im zehn Kilometer entfernten bayerischen Ludwigsstadt befindet sich das **Deutsche Schiefertafel Museum**. (www.schiefermuseum.de).

AUF DEM SCHIEFERPFAD Der Abbau von Schiefer prägt die gesamte Landschaft in der Gegend um Lehesten und Ludwigsstadt. Der Wanderweg Schieferpfad folgt auf 60 Kilometern den Spuren des historischen Schieferbergbaus, vorbei an Schieferhalden und Tagebaulöchern. Freundlich zeigen sich die Dörfer mit ihren blauschwarzen Schieferdächern und kunstvoll gedeckten Fassaden. www.schieferpfad.de

10

MOORHEILBAD BAD LOBENSTEIN

Bad Lobenstein liegt ganz im Osten dieses Zielgebietes. 1250 erstmals urkundlich erwähnt, war der Ort im 17. und 18. Jahrhundert Residenzstadt des Fürstentums Reuß-Lobenstein. Das Neue Schloss, die Alte Wache, der Parkpavillon im Kurpark und die Wagenremise erinnern an diese Ära. Heute glänzt der Badeort mit der Wellnesswelt **Ardesia Therme**, an der auch ein Wohnmobilstellplatz ist (www.ardesia-therme.de). Von der Therme kommen Besucher durch den Kurpark mit romantischem, spätbarockem **Pavillon** zum barocken **Neuen Schloss** aus dem Jahr 1718. Zum Ensemble gehört auch die klassizistische **Alte Wache** gegenüber dem Schloss. In der spätbarocken **Wagenremise** nahe dem Stadtteich ist heute die Touristinfo untergebracht. Südlich des Neuen Schlosses finden wir den historischen **Marktplatz** mit dem klassizistischen Rathaus. Der **Alte Turm** der Burgruine aus dem 12. Jahrhundert wird als Aussichtsturm genutzt.

Im alten Park Bad Lobenstein steht ein spätbarocker Pavillon.

◀ Im Grenzmuseum Mödlareuth ▶ Die Sonneberger Stadtkirche Sankt Peter

DEUTSCH-DEUTSCHES MUSEUM Im Grenzort Mödlareuth befindet sich das Deutsch-Deutsche Museum. Nach dem Ende des Zweiten Weltkrieges wurde das Dorf geteilt. Mit Gründung der beiden deutschen Staaten gehörte der Ostteil des Dorfes dann zur DDR und der Westteil zur Bundesrepublik. Eine Betonwand mit Stacheldraht durchzog bis 1989 den Ort Mödlareuth.

»WELTSPIELWARENSTADT« SONNEBERG

Die Stadt Sonneberg liegt in einer landschaftlich gefälligen Lage an den Südausläufern des Thüringer Waldes. Im Jahr 480 gab es bereits eine Burg Sonneberg. Aus der traditionellen Holzwarenherstellung entwickelte sich im 16. Jahrhundert die Produktion des Sonneberger Spielzeugs. Im 20. Jahrhundert wurde der Begriff »Weltspielwarenstadt« geprägt. Das **Alte Rathaus** am historischen Marktplatz entstand nach einem verheerenden Stadtbrand im 19. Jahrhundert nach dem Vorbild des Vorgängerbaus. Am Marktplatz befindet sich auch das **Meeresaquarium Exotarium Nautiland**. Tropische Fische, Seepferdchen, einige Hai-Arten, Reptilien und tropische Insekten tummeln sich in der Anlage (www.schauaquarium-nautiland.de). Das **Deutsche Spielzeugmuseum** liegt weiter südlich in der Beethovenstraße 10. Es erinnert an die große Zeit als Spielzeugstadt. Die älteste derartige Sammlung Deutschlands zeigt 6000 Spielzeuge, von den Anfängen bis zur Gegenwart. Die Sonderausstellung »Ost und West im Kinderzim-

Von der Thüringer Warte besteht weite Aussicht über Thüringen.

mer« präsentiert auch die Spielgewohnheiten im geteilten Deutschland. Übrigens: Kinder dürfen im Spielzeugmuseum wirklich auch spielen. Und ein weiteres Glück für Kinder: In der Bahnhofstraße 29 gibt es noch das private **Deutsche Teddybären Museum** (www.martinbaeren.de).
Am Ende der Bahnhofstraße gelangt man zum **Neuen Sonneberger Rathaus** mit dem 40 Meter hohen Turm. Es wurde 1928 eingeweiht und bildet nun mit anderen Gebäuden ein städtebauliches Ensemble um den Bahnhofsvorplatz im Süden der Stadt. Nördlich von Sonneberg befindet sich das **Astronomiemuseum der Sternwarte Sonneberg**, das die Besucher durch die Welt der Meteoriten, Sterne und Sternbilder führt. Jeden Samstag können durch mehrere Teleskope der Mond und Planeten beobachtet werden (www.astronomiemuseum.de). Ganz in der Nähe gibt es auch einen kleinen Tiergarten mit Streichelgehege und die Ausflugsgaststätte Blockhütte (www.berggasthof-blockhuette.de).

PROBSTZELLA

Der kleine Ort Probstzella im beschaulichen Loquitztal an der bayerischen Grenze war früher ebenfalls ein Zentrum des Thüringer Schieferabbaus (www.vgem-probstzella.de). Das Haus des Volkes in Probstzella wurde 1927 als Hotel und kulturelles Zentrum erbaut. Die Inneneinrichtung haben Künstler des Bauhauses Dessau gestaltet. Ehemals trennte der eiserne Vorhang ganz Europa. Besonders nach der Wende eroberte sich die Natur den Grenzstreifen und es entstand das »Grüne Band« mit wertvollen Biotopen – seltenen Tieren und Pflanzen. Probstzella ist ein guter Ausgangspunkt für Wanderungen und Radtouren in dieser Region (www.bund.net).

Tipp

Aus Probstzella führt eine fünf Kilometer lange Wanderung zur **Thüringer Warte** auf bayerischer Seite, von der die Aussicht über Thüringen begeistert. Eine Ausstellung im Inneren des Aussichtsturmes erzählt die Geschichte rund um die innerdeutsche Grenze. Allerdings gibt es auch einen Parkplatz nahe der Thüringer Warte, von dem es nur noch ein Spaziergang von 500 Metern bis zum Aussichtsturm sind.

BURG LAUENSTEIN Zu den nahen Sehenswürdigkeiten von Probstzella gehört die mittelalterliche Schieferburg Burg Lauenstein auf bayerischer Seite. Im 12. Jahrhundert gegründet, erlangte sie ihr heutiges Aussehen im Stil der Renaissance im 16. Jahrhundert. Heute ist die Burg hervorragend restauriert und kann besichtigt werden.

◀ Auf einer Naturführung am Grünen Band ▶ Vor der schönen Burg Lauenstein

AUF EINEN BLICK

Info

STADT/REGION: Sonneberg, Bad Lobenstein, Thüringer Schiefergebirge
BESTE REISEZEIT: April bis Oktober
OPTIMALE REISEDAUER: 2 Tage
TOURISTINFO: Graben 18, 07356 Bad Lobenstein, Tel. 036651/25 43, Touristinfo@bad-lobenstein.de, www.bad-lobenstein.de

SEHENSWÜRDIGKEITEN

BAD LOBENSTEIN: www.bad-lobenstein.de
BURG LAUENSTEIN: www.schloesser.bayern.de
DEUTSCHES SPIELZEUGMUSEUM: www.deutschesspielzeugmuseum.de
GRÜNES BAND: www.bfn.de/gruenes-band
LEHESTEN: www.schiefer-denkmal-lehesten.de
MÖDLAREUTH: www.moedlareuth.de
SONNEBERG: www.sonneberg.de

STELLPLATZ AM SONNEBAD SONNEBERG

ADRESSE: Ernst-Moritz-Arndt-Straße, 50 Meter vor der Bushaltestelle, 96515 Sonneberg, Tel. 03675/406 66 60, info@sonnebad-sonneberg.de, www.sonnebad-sonneberg.de
ANFAHRT: Auf der A 73 Ausfahrt 8 Neustadt bei Coburg und auf der B 4 und B 89 nach Nordosten in Richtung Sonneberg. Vor dem Ort rechts auf der Neustadter Straße und am Kreisverkehr vor dem Busbahnhof links auf der Ernst-Moritz-Arndt-Straße zum Stellplatz.
GPS: 50.3586, 11.162504
Der kostenpflichtige, ganzjährig geöffnete Stellplatz liegt 700 Meter vom Rathaus entfernt am Hallenbad. Der asphaltierte Parkplatz ist wenig beschattet. Vor dem Sonnebad ist eine Bushaltestelle (www.ovg-son.de). Auf dem Platz sind Stromanschlüsse, Ver- und Entsorgungseinrichtungen. Sanitäranlagen und Duschen können im Bad benutzt werden. Ein Supermarkt ist 600 Meter und eine Gaststätte 700 Meter entfernt. Das Deutsche Teddybären Museum ist 900 Meter,

Der Campingplatz liegt am Trepplesfelsen an der romantischen Saale.

das Deutsche Spielzeugmuseum 1,3 Kilometer, das Meeresaquarium Nautiland und das Astronomiemuseum 3,7 Kilometer entfernt.

CAMPINGPLATZ AM TREPPLESFELSEN ROSENTHAL

ADRESSE: Kirchberg 2, 07366 Rosenthal-Harra am Rennsteig, Tel. 0171/611 21 34, info@campingplatz-harra.de, www.campingplatz-am-trepplesfelsen.jimdosite.com
ANFAHRT: Auf der A 9 Ausfahrt 30 Rudolphstein und auf der Panoramastraße nach Westen. Nach der Brücke über die Selbitz bei Blechschmidtenhammer rechts nach Blankenstein. Im Ort auf der Harraer Straße (L 2372) links über die Bahnlinie. An einer Kreuzung geradeaus auf der Bahnhofstraße zum Campingplatz.
GPS: 50.419456, 11.686928
Der ganzjährig geöffnete Campingplatz liegt 6 Kilometer südöstlich von Bad Lobenstein am romantischen Ufer der Oberen Saale. 200 Meter entfernt gibt es einen Bahnhof (www.erfurter-bahn.de). Auf dem Platz sind Sanitäranlagen, Duschen, Stromanschlüsse, Ver- und Entsorgungseinrichtungen vorhanden. Zum Supermarkt sind es drei Kilometer, zu einer Gaststätte 200 Meter.

Rund um das Kloster Paulinzella

Von der Heidecksburg überblicken Besucher Rudolstadt bis zur Saale.

11

Hier, im Naturpark Thüringer Wald, sind für Wanderer und Radler über 50 Kilometer Natur zu erkunden. Die Kirchenruine des ehemaligen Benediktinerklosters Paulinzella ist der kultur- und kunsthistorische Höhepunkt der Region. Es ist der bedeutendste romanische Sakralbau Mitteldeutschlands.

Ein reiches Naturerbe und spannendes Kulturgut liegen in dieser Region nahe beieinander. Die Lavendelstadt Bad Blankenburg ist das Tor zum wildromantischen Schwarzatal, das sich bis hinauf in den Thüringer Wald ausdehnt. Wo Orchideen, der Eisvogel und das Bachneunauge zu Hause sind, ist die Welt noch in Ordnung.

VON BURG ZU BURG

Da im 18. Jahrhundert fast die gesamte Stadt abbrannte, ist in **Bad Blankenburg** keine sehr alte Bausubstanz zu finden. Das Rathaus wurde in der heutigen Form im Jahr 1750 erbaut. Aber es erzählt dennoch Geschichte, weil der Pädagoge Friedrich Fröbel im Rathaus im Jahr 1840 den ersten deutschen Kindergarten gründete. Das **Friedrich-Fröbel-Museum** in der Johannisgasse 4 vermittelt noch mehr darüber (www.froebel-museum.de). Die Entstehungsgeschichte der Stadt ist eng mit der **Burg Greifenstein** verbunden, die über der Stadt steht. Im Jahr 1208 wurde die Festung erstmals urkundlich erwähnt. Bodenfunde lassen auf eine Besiedelung des Burgbergs in noch früherer Zeit schließen. Heute befindet sich auf der Burg eine Falknerei, die mit den Jägern der Lüfte ein fesselndes Flugprogramm vorführt.

Aus den Wäldern über dem Ort **Schwarzburg** ragen die Bauten des Stammsitzes des Adelsgeschlechts Schwarzburg-Rudolstadt. Das Zeughaus mit den zwei Türmchen beinhaltet die einmalige fürstliche Schausammlung aus Rüstungen und Waffen. Zu Beginn des 18. Jahrhunderts wurde die mittelalterliche Burg als Residenz der Grafen zum barocken Schloss mit mächtigem Portalvorbau ausgebaut. Südlich schließt sich der Schlossgarten mit dem Sommerhaus an. Es handelte sich ursprünglich um eine dreiteilige Pavillongruppe. Das Lustschlösschen wird Kaisersaalgebäude genannt, weil sich im Obergeschoss der prächtige Kaisersaal befindet.

11

IM SCHWARZATAL Ausflüge mit dem Fahrrad oder zu Fuß führen von Bad Blankenburg in das Naturschutzgebiet im Schwarzatal. Der Uferweg ist mit der Geräuschkulisse des Wassers ein Naturerlebnis. Vom Höhenweg bieten sich beeindruckende Ausblicke. Bevorzugte Aussichtspunkte sind der Schieferfelsen, die Teufelstreppe oder der Trippstein mit Aussicht nach Schwarzburg. Auf dem Weg sind viele Kostbarkeiten zu entdecken, etwa Orchideen, Feuersalamander oder der Eisvogel. www.rennsteig-schwarzatal.de

Tipps

Die Stadt Oberweißbach war einst in der Herstellung von sogenannten »Olitäten«, Auszügen und Ölen von Kräutern, bekannt, daher gibt es in den Bergen einen **Olitäten-Wanderweg**. www.thueringer-olitaetenland.de

Heute wird Oberweißbach vor allem wegen der **Oberweißbacher Bergbahn** gerne besucht. Mit extremen 25 Prozent Steigung überwindet sie über 300 Meter Höhenunterschied. Oben genießen die Ausflügler die Aussicht über den Thüringer Wald. Eine Besonderheit des Ortes ist zudem die riesige barocke Kirche mit dreigeschossiger Empore.

◀ Uhus sind stille Jäger der Lüfte. ▶ Das Schwarzatal ist ein Naturidyll.

Die Ruine der Klosterkirche Paulinzella ist ein romanisches Prunkstück.

KLOSTERKIRCHE PAULINZELLA

Die Ruine der **Klosterkirche** ist eines der bedeutendsten romanischen Bauwerke Deutschlands. Vermutlich entstand die Säulenbasilika zu Beginn des 12. Jahrhunderts – 1124 ist jedenfalls als Jahr der Einweihung festgeschrieben. Neben der Klosterkirche wurde im 18. Jahrhundert der beachtenswerte Fachwerkbau eines Jagdschlosses erbaut. Von Interesse ist unten am Bach auch der nach historischem Vorbild angelegte Kräutergarten.

In einer Rundwanderung von 16 Kilometern lässt sich der **Singer Berg** mit der Kirchenruine Paulinzella wunderbar verbinden. Die Muschelkalk-Erhebung Singer Berg ist für ihren Orchideenreichtum bekannt. Im Ort **Singen** befindet sich das technische Denkmal der Brauerei Schmitt die noch heute mit technischen Geräten arbeitet, die zwischen 1885 und 1930 installiert wurden. Die Dampfkraftanlage mit Transmissionen existiert seit 1920 (www.brauerei-schmitt.de).

Das Neue Rathaus in Rudolstadt wurde im Renaissancestil erbaut.

KULTUR IN RUDOLSTADT

Mit seinem Wahrzeichen Schloss Heidecksburg trägt Rudolstadt auch heute noch den Ruf eines kulturellen Zentrums in Thüringen. Der Ort *Rudolfestat* wurde 776 erstmals urkundlich erwähnt und bekam 1326 die Stadtrechte. Rudolstadt war Residenz des Fürstentums Schwarzburg-Rudolstadt. Zwischen dem 18. und 19. Jahrhundert erlebte es im kulturellen Dreieck mit Weimar und Jena eine geistige Blütezeit.
Vom Parkplatz am Bahnhof an der Straße Am Saaldamm können wir zur Besichtigung von Rudolstadt auf der Saalgasse nach Norden direkt zum Marktplatz gelangen. Das **Neue Rathaus** aus dem Jahr 1912 zeigt als Schmuck einen Erker im Renaissancestil. Weiter nördlich befindet sich in der Stiftsgasse 2 das **Alte Rathaus** aus dem Jahr 1524.

HANDWERKERHOF Läuft man vor dem Alten Rathaus links, kommen wir in der Stiftsgasse 21 bis 25 in den sogenannten Handwerkerhof. In den Gebäuden und Höfen aus dem Jahr 1513 befinden sich heute nette kleine Läden, Cafés und Kneipen. www.ruwo-rudolstadt.de/handwerkerhof

11

Zum **Schillerhaus** mit Museum gelangt man weiter westlich in der Schillerstraße 25 (www.schillerhaus.rudolstadt.de), und gegenüber vom Handwerkerhof geht es hinauf zum Residenzschloss **Heidecksburg**. Das dreiflügelige Barockschloss entstand im 18. Jahrhundert an Stelle eines früheren Renaissanceschlosses. Die Heidecksburg war die Residenz des Fürstengeschlechtes von Schwarzburg-Rudolstadt. Die fürstlichen Wohnräume, Festsäle und die Gemäldegalerie sind heute als **Museum** zugänglich. Der **große Festsaal** gilt als einer der schönsten deutschen Rokokosäle. Von der **Oberen Terrasse** blicken wir über die Stadt und auf die **Untere Terrasse** des Schlossgartens mit dem **Schallhaus** aus dem 18. Jahrhundert. Der Pavillon enthält getrennte Räume für Musiker und Zuhörer, die mit einer Schallöffnung miteinander verbunden sind (www.heidecksburg.de). Von der Unteren Terrasse schauen wir auf das **Schloss Ludwigsburg** und auf die **Stadtkirche Sankt Andreas**, die im Innern im Stil der Renaissance gestaltet wurde. Das Stadtschloss Ludwigsburg entstand im 18. Jahrhundert.

Die Heidecksburg war Residenz der Fürsten von Schwarzburg-Rudolstadt.

11

THÜRINGER BAUERNHÄUSER Eine weitere Sehenswürdigkeit sind die Thüringer Bauernhäuser, ein Freilichtmuseum in der Straße Kleiner Damm 12. Neben an anderen Standorten geretteten Bauernhäusern, die hier wieder aufgebaut wurden, sind dort auch Produkte der Volkskunst – vom Löffel über die Kinderwiege bis zum Webstuhl – zu sehen. www.bauernhaeuser.rudolstadt.de

»TURMSTADT« SAALFELD

Saalfeld nennt sich gerne »Stadt der Giebel, Tore und Türme« oder »Steinerne Chronik Thüringens«. Heute sind noch vier Stadttore als Zierde der Stadt erhalten. Als Kaiser Friedrich I. Barbarossa im Jahr 1180 die Stadt gründete, gab es schon seit über einhundert Jahren ein Benediktinerkloster. Urkundlich erwähnt wurde Saalfeld bereits im Jahr 899 als *Salauelda*. Zu dieser Zeit stand hier ein karolingischer Königshof. Die Kulturstraße Transromanica verbindet Saalfeld mit ihrem romanischen Erbe – Städten und Regionen zwischen Mittelmeer und Ostsee.

Im Märchendom in den fantastischen Feengrotten

Blick über Saalfeld zur Kirche Sankt Johannes

Tipp

Touristisch ist Saalfeld vor allen Dingen durch die zauberhaften **Feengrotten** bekannt. Sie bestehen aus dem Schaubergwerk, in dem unterschiedlichste Führungen (auch für Kinder) angeboten werden, dem Erlebnismuseum »Grottoneum« mit zahlreichen Mitmach- und Wissensstationen sowie den Heilstollen, die auf die entspannende und gesundheitsfördernde Wirkung der klimatischen Verhältnisse unter der Erde setzen. Die spannenden Feenweltchen mit magischen Gärten und vielem mehr befinden sich im Wald um die Feengrotten und locken vor allem kleine Feen-Fans.

Mit dem Bus kommt man vom Stellplatz an den Feengrotten zum Marktplatz mit dem historischen **Rathaus** aus dem 16. Jahrhundert. Es gilt als das schönste Rathaus Thüringens im Stil der Frührenaissance. Nördlich des Marktplatzes befindet sich die **Marktapotheke** in einem romanischen Turmhaus aus dem Jahr 1180 und daneben die gotische **Kirche Sankt Johannes** mit Außenkanzel am Westportal. Vom Marktplatz auf der Darrtorstraße nach Nordosten an der **Alten Münze** vorbei kommen wir in einem Abstecher zum **Darrtor** aus dem 14. Jahrhundert. Noch weiter nördlich steht an der Schloßstraße das barocke **Residenzschloss mit Orangerie** in einer schönen Parkanlage.

Das Rathaus von Saalfeld stammt aus dem 16. Jahrhundert.

Vom Marktplatz geht die Saalstraße nach Nordosten ab. Im Gebäude mit der Hausnummer 11 zeigt sich die **Stadtapotheke** als prächtiger Renaissancebau. Am Ende der Saalstraße steht noch das **Saaltor** aus dem 14. Jahrhundert. Nun schlendern wir auf dem Weg Unterm Kitzerstein entlang der Saale nach Süden am **Schlösschen Kitzerstein** vorbei, ein Gebäude der Frührenaissance aus dem 16. Jahrhundert. Durch den Park geht es zum **Hohen Schwarm**. Die Ruine der Stadtburg mit zwei Türmen aus dem 13. Jahrhundert ist das Wahrzeichen der Stadt. Am südlichen Ende der Grünanlage führt das Sträßchen Hinter der Mauer zum **Oberen Tor** an der Oberen Straße im Verlauf der ehemaligen Handelsstraße von Nürnberg nach Leipzig. Weiter in der Oberen Torgasse kommen wir zum ehemaligen **Franziskanerkloster** am Münzplatz, in dem das Stadtmuseum untergebracht ist (www.museumimkloster.de). In der Liste der Stadttore fehlt noch das **Blankenburger Tor**, das vom Franziskanerkloster auf der Klostergasse oder vom Marktplatz auf der Blankenburger Straße erreicht werden kann.

Das Blankenburger Tor schließt die Fußgängerzone ab.

AUF EINEN BLICK

Info

STADT/REGION: Bad Blankenburg, Schwarzburg, Schwarzatal
BESTE REISEZEIT: April bis Oktober
OPTIMALE REISEDAUER: 2 Tage
TOURISTINFO: Bahnhofstraße 23, 07422 Bad Blankenburg, Tel. 036741/26 67, info@bad-blankenburg.de, www.bad-blankenburg.info

SEHENSWÜRDIGKEITEN

BAD BLANKENBURG: www.bad-blankenburg.de
BURG GREIFENSTEIN: www.falknerei-greifenstein.de
FEENGROTTEN: www.feengrotten.de
OBERWEISSBACH: www.thueringerbergbahn.com
PAULINZELLA: www.thueringerschloesser.de, www.museum-paulinzella.de
RUDOLSTADT: www.rudolstadt.de
SAALFELD: www.saalfeld-tourismus.de
SCHWARZBURG: www.schloss-schwarzburg.de

CAMPINGPLATZ SCHWARZATAL BAD BLANKENBURG

ADRESSE: Dittersdorfer Weg 236a, 07422 Bad Blankenburg, Tel. 036741/26 95, sylvialattermann@online.de, www.thueringen.info/campingplatz-schwarzatal.html
ANFAHRT: Auf der A 71 Ausfahrt 14b Stadtilm und auf der B 90, L 1114 über Paulinzella und B 88 nach Osten Richtung Bad Blankenburg. Im Ort vor der Brücke über die Schwarza auf der Schwarzburger Straße rechts und dann links auf der Brücke über die Schwarza zum Stellplatz.
GPS: 50.674173, 11.268876
Der ganzjährig geöffnete Campingplatz liegt einen Kilometer südlich von Bad Blankenburg am Ufer der Schwarza. 300 Meter zur Bushaltestelle (www.kombus-online.eu). Der Wiesenplatz mit Kies ist kaum beschattet. Auf dem Platz sind Sanitäranlagen, Duschen, Stromanschlüsse, Ver- und Entsorgungseinrichtungen und eine Gaststätte.

◀ Die Oberweißbacher Bergbahn bietet Ausblicke in den Thüringer Wald.

▲ ▼ Am kleinen Campingplatz Schwarzatal in Bad Blankenburg

STELLPLATZ AN DEN FEENGROTTEN SAALFELD

ADRESSE: Feengrottenweg 5, 07318 Saalfeld/Saale, Tel. 03671/550 40, kundenservice@feengrotten.de, www.feengrotten.de

ANFAHRT: Auf der A 4 Ausfahrt 48 Nohra und auf der B 85, dann ab Rudolstadt auf der B 88 nach Süden. Vor Saalfeld rechts auf die B 281 wechseln. Fast am Ende des Ortes geht es links zu den Feengrotten.

GPS: 50.635012, 11.340285

Der kostenpflichtige, ganzjährig geöffnete Stellplatz liegt 2,5 Kilometer südwestlich von Saalfeld auf dem Parkplatz der Feengrotten. Der gepflasterte Platz ist teilweise beschattet. Vor dem Platz ist eine Bushaltestelle (www.kombus-online.eu). Auf dem Platz sind Sanitäranlagen, Duschen, Stromanschlüsse, Ver- und Entsorgungseinrichtungen und ein Restaurant. Ein Supermarkt ist einen Kilometer entfernt. Eine schöne Fahrradtour, zum Teil auf Nebenstrecken, ist der einfach 23 Kilometer lange Weg zur Oberweißbacher Bergbahn mit Blick über den Thüringer Wald.

In Saalfeld gibt es in der Reschwitzer Straße noch den kostenfreien Stallplatz am Freibad, der allerdings keinerlei Ver- oder Entsorgungseinrichtungen bietet.

DER THÜRINGER WALD

Vielfältige Traditionen und Bräuche

Auf dem Kickelhahn besteht eine großartige Aussicht.

12

In Verbindung mit dem Thüringer Wald denken viele gleich an den weltbekannten Rennsteig. Die Landschaft des Thüringer Waldes zeichnet sich durch ausgedehnte Wälder, klare Bäche, blühende Bergwiesen und Hochmoore aus. Ein Teil des Waldgebirges ist sogar das älteste UNESCO-Biosphärenreservat Deutschlands.

Im genauen Verständnis der Topografie und Geologie ist der Thüringer Wald nur das 70 Kilometer lange und 20 Kilometer breite Kammgebirge zwischen Eisenach und Schleusetal mit Ilmenau. Im allgemeinen Gebrauch wird der Begriff aber auch auf das Thüringer Schiefergebirge ausgedehnt. Das UNESCO-Biosphärenreservat Thüringer Wald liegt zwischen Oberhof, Suhl, Schleusingen, Masserberg und Ilmenau.
Die Randgebiete des Thüringer Waldes wurden vor 1000 Jahren besiedelt. Die Nutzung der Wälder begann mit der Arbeit der Köhler, Harzer und Flößer. Daher entspricht der heutige Wald nicht der natürlichen Entwicklung, sondern ist das Ergebnis jahrhundertelanger Bewirtschaftung und in weiten Teilen von der Fichte geprägt. Am Gebiet des Thüringer Waldes hatten in der Zeit der Kleinstaaterei im 19. Jahrhundert zehn verschiedene Herrschaftsbereiche ihren Anteil. Aus dieser Zersplitterung sind heute noch regional unterschiedliche Kulturen, Traditionen und Bräuche erhalten.
Die Auffaltung der Gebirgsscholle des Thüringer Waldes begann vor etwa 350 Millionen Jahren. Doch die gehobenen Gesteine aus dem Erdaltertum (Paläozoikum) wurden wieder abgetragen und vom Zechsteinmeer überdeckt. Die Sedimente aus diesem Meer bilden die heutigen Gesteine des Thüringer Waldes.

Tipp

Für die kulturelle Identität Thüringens spielt der 169 Kilometer lange **Rennsteig Höhenwanderweg** eine gewisse Rolle. Das Rennsteiglied mit dem Refrain »Diesen Weg auf den Höh'n bin ich oft gegangen, Vöglein sangen Lieder. | Bin ich weit in der Welt habe ich Verlangen, Thüringer Wald nur nach dir« gilt als inoffizielle Landeshymne. Erste Hinweise auf den historischen Grenz-, Kurier- und Handelsweg stammen aus dem 11. Jahrhundert. Über 1300 historische Grenzsteine säumen den Wegeverlauf.

12

DER GROSSE INSELSBERG

Mit 916 Metern ist der Große Inselsberg die höchste Erhebung des westlichen Thüringer Waldes und damit ein guter Aussichtspunkt. Der beliebte Ausflugsort ist mit dem Wohnmobil erreichbar. Vom großen Parkplatz sind es nur noch 300 Meter bis zum **Aussichtsturm** mit 360 Grad Rundumblick über den Thüringer Wald. Weiter unten befindet sich am Kleinen Inselsberg der **Inselsberg-FunPark** mit vielen Attraktionen für Leute, die sich für ihre Freizeit gerne animieren lassen (www.inselsberg-funpark.de).

WINTERSPORTZENTRUM OBERHOF

In dem herzoglichen Jagdgebiet mit Köhler- und Holzfällersiedlung entstand ab dem 19. Jahrhundert Oberhof. Die Stadt lebt heute vom Tourismus und vom Sport. Sie ist nach Erfurt und Weimar der meistbesuchte Ort in Thüringen und der meistbesuchte Ferienort im Thüringer Wald. Oberhof ist als deutsches Wintersportzentrum bekannt. Wettbewerbe im Biathlon, Rennrodeln, Bobsport, Skispringen, Skilanglauf und in der Nordischen Kombination werden hier ausgetragen. Vom Parkplatz Am Rondell auf dem Passübergang im Süden der Stadt kommt man in den sieben Hektar großen **Rennsteiggarten**. Es ist ein botanischer Garten für Gebirgspflanzen mit 4000 Pflanzenarten aus vielen Gebirgen der Erde (www.rennsteiggartenoberhof.de).

Blick über Brotterode am Fuß des Inselsberges

Die Kirche Sankt Blasius in Zella-Mehlis erinnert eher an ein Schloss.

BIKEPARK UND HÖHENRADWEG Im Bikepark Oberhof werden Mountainbiker beim Downhill-Spaß glücklich. Und der 195 Kilometer lange Rennsteig Höhenradweg begeistert mit landschaftlichen Reizen. Die großen Höhenunterschiede erfordern allerdings Kondition. www.bikepark-oberhof.de, www.rennsteig.de

ZELLA-MEHLIS

Bergbau und Eisenverhüttung legten im 15. Jahrhundert die Grundlage für die ersten Siedlungen der kleinen Stadt. 1774 entstand die barocke **Kirche Sankt Blasius**, die an ein französisches Landschloss erinnert. Im **Stadtmuseum** werden zahlreiche technische Erfindungen gezeigt. Im **Technischen Museum Gesenkschmiede** lodert das Schmiedefeuer bei historischem Handwerk. Und das **Heimatmuseum Benshausen** ist ein Fachwerk-Vierseithof aus dem Jahr 1786, in dem ein Weinhändler wohnte (www.museum.gumv.de). Die attraktive Landschaft animiert zum Wandern (www.tourismus.zella-mehlis.de). Und eine Attraktion für Kinder ist der **Erlebnispark Meeresaquarium**.

Das Waffenmuseum in Suhl ist in historischen Gebäuden untergebracht.

BURG HALLENBURG Die Herren von Hallenberg ließen die Burg Hallenburg um das Jahr 1212 erbauen. 1230 ging sie an das Hennebergische Herrscherhaus. Heute kann der Turm der malerischen Ruine bestiegen werden. Die Aussicht schweift über Steinbach-Hallenberg und über die bewaldeten Hügel des Thüringer Waldes. Voranmeldung: Tel. 036847/410 65

WAFFENSTADT SUHL

In der Gebirgslandschaft zwischen dem 983 Meter hohen Großen Beerberg und Domberg mit dem Bismarckturm bezeichnet sich die »Stadt der Waffen« gerne als »Stadt im Grünen«. Suhl ist ein gewachsenes Konglomerat aus Gewerbe, Industrie, Plattenbauten, Hochhäusern und einigen Fachwerkhäusern.

Artefakte belegen die Anwesenheit von Menschen in Suhl bereits um das Jahr 2000 v. Chr. Salzquellen und Eisenerz lockten um 500 v. Chr. keltische Volksstämme an. Zwischen den Jahren 900 und 1155 wurde in den Unterlagen des Klosters Fulda der Ort *Sulaha* wiederholt genannt. Der kommerzielle Erzbergbau ist für das 13. Jahrhundert belegt. In den 1360er-Jahren gab es in Suhl bereits zwei Eisenhämmer. Das Datum der Stadterhebung ist nicht notiert, die Stadtrechte wurden aber 1527 von Fürst Graf Henneberg-Schleusingen bestätigt. Die Produktion von Handfeuerwaffen, die zunächst Büchsenmacher aus Nürnberg und Augsburg betrieben, ist seit 1535 belegt. Ende des 16. Jahrhunderts wurden jährlich über 20.000 Gewehrrohre hergestellt. Im Jahr 1736 waren über 100 Büchsenmacher in Suhl in Arbeit. Und auch heute ist Suhl immer noch ein Standort bedeutender Waffenfirmen.

WAFFENMUSEUM Vom Parkplatz für Wohnmobile (Ecke Werner-Seelenbinder-Straße und Dr. Theodor-Neubauer-Straße) führt eine Unterführung ins Zentrum von Suhl zum Waffenmuseum am Herrenteich. Das Museum gibt Einblicke in die 600-jährige Geschichte der Suhler Fertigung von Handfeuerwaffen. Zudem ist das Alte Malzhaus des Museums ein schönes Fachwerkhaus im hennebergisch-fränkischen Stil. Im selben Gebäude ist übrigens auch ein Fahrzeugmuseum untergebracht. www.waffenmuseum.eu, www.fahrzeugmuseum-suhl.de

◀ Das Vessertal, eine ruhige Landschaft für die Seele ▲ Das Heimatmuseum in Benshausen ▼ Im Dorf Heinrichs gibt es einige schöne Häuser im Fachwerkstil.

12

Die barocke **Hauptkirche Sankt Marien** am Steinweg entstand 1761 nach dem Stadtbrand. Vom Marktplatz bis zur barocken Kreuzkirche trägt der **Steinweg** mit älterer Bausubstanz städtisches Flair zur Schau. Im südlichen **Neundorf** sind noch hennebergische Fachwerkhäuser zu sehen. Im Stadtteil **Heinrichs** gilt das **Rathaus** in der Meininger Straße 89 als eines der schönsten Fachwerkhäuser Südthüringens.
Wer mit Kindern unterwegs ist, sollte auf jeden Fall dem **Tierpark Suhl** einen Besuch abstatten. Und die kleine Gemeinde **Vesser**, ein Ortsteil der Stadt Suhl, wurde schon vor 100 Jahren als Idyll für Maler beschrieben. Vesser ist sehr beliebt bei Wanderern, die das stille Tal, die Bäche und die waldreichen Berge lieben.

AUF DEN ADLERSBERG Die 15 Kilometer lange Rundwanderung von Vesser über das Stutenhaus auf den Adlersberg ist Balsam für die Seele. Im 17. Jahrhundert stand an Stelle des Berghotels Stutenhaus ein Pferdegestüt der Grafen von Henneberg. Schon hier genießen wir den Ausblick über die Höhen des Thüringer Waldes. Oben gibt es an der Baude Original Thüringer Bratwürste. Vom Aussichtsturm sind der Kreuzberg und die Wasserkuppe in der Rhön zu sehen. www.tourenportal-thueringer-wald.de

◀ Das bedeutende Rathaus in Heinrichs ▶ Am Stutenhaus besteht gute Aussicht.

Der Glasbläserort Lauscha produziert Erzeugnisse für jeden Geschmack.

VON ILMENAU NACH LAUSCHA

Seit dem 14. Jahrhundert wurden in Ilmenau Silber und Kupfer gewonnen. Nach dem Stadtbrand entstanden im 18. Jahrhundert das Rathaus und die Stadtkirche Sankt Jakobus. Ilmenau ist heute vor allem durch Goethe bekannt, denn er hinterließ bei vielen Aufenthalten deutliche Spuren. Das Interessanteste ist der Goethe-Wanderweg, der auf den Kickelhahn führt. Dort oben steht die berühmte Jagdhütte, in der Goethe das Gedicht »Über allen Gipfeln ist Ruh'« an die Wand schrieb. Außerdem befinden sich auf dem Kickelhahn eine historische Jagdanlage und ein Aussichtsturm. Die Stadtkirche in Neuhaus am Rennweg, 1892 eingeweiht, ist eine der größten Holzkirchen in Thüringen und besitzt wunderschöne Glasfenster (Schlüssel in der Touristinfo, Bahnhofstraße 10, www.rennsteigregion-neuhaus.de). Ganz anders, aber ebenso interessant ist die Stadtkirche in der Glasstadt Lauscha in der Kirchstraße 9. Sie wurde im Jugendstil im Jahr 1911 errichtet. In der Straße des Friedens 46 befindet sich das Museum für Glaskunst, das einen Einblick in die Traditionen der Glasbläserkunst bietet (www.glasmuseum-lauscha.de). Lauscha ist auch heute noch für die Herstellung von Christbaumschmuck bekannt.

AUF EINEN BLICK

Info

STADT/REGION: Suhl, Ilmenau, Thüringer Wald
BESTE REISEZEIT: April bis Oktober
OPTIMALE REISEDAUER: 2–3 Tage
TOURISTINFO: Friedrich-König-Straße 7, 98527 Suhl, Tel. 03681/78 80, info@suhl-ccs.de, www.suhl-tourismus.de

SEHENSWÜRDIGKEITEN

GROSSER INSELSBERG: www.bad-tabarz.de
ILMENAU, KICKELHAHN: www.ilmenau.de
LAUSCHA: www.lauscha.de
OBERHOF: www.oberhof.de
RENNSTEIG HÖHENWANDERWEG: www.rennsteig.de
SUHL, TIERPARK SUHL: www.suhl-tourismus.de, www.tierpark-suhl.eu
THÜRINGER WALD: www.thueringer-wald.com, www.biosphaerenreservat-thueringerwald.de, www.naturpark-thueringer-wald.de
ZELLA-MEHLIS, ERLEBNISPARK MEERESAQUARIUM: www.tourismus.zella-mehlis.de, www.meeresaquarium-zella-mehlis.de

STELLPLATZ ZELLA-MEHLIS

ADRESSE: An der Quelle 5, 98544 Zella-Mehlis, Tel. 03682/888 80, k.tosch@t-online.de, www.toschis-station.de
ANFAHRT: Auf der A 71 Ausfahrt 19 Suhl/Zella-Mehlis und auf der B 62 nach Westen, erste Straße rechts auf der Industriestraße, dann links zum Stellplatz.
GPS: 50.643879, 10.684715
Der kostenpflichtige, von Mai bis September geöffnete Stellplatz liegt verkehrsgünstig nahe der A 71 zwischen Zella-Mehlis und Suhl an einem Gasthaus. Der Wiesenplatz ist kaum beschattet. Zur Bushaltestelle sind es 400 Meter (www.sngonline.de). Auf dem Platz sind Sanitäranlagen, Stromanschlüsse, Ver- und Entsorgungseinrichtungen. Ein großer Supermarkt ist 300 Meter entfernt. Zum Erlebnispark Meeresaquarium in

▲ Am Rennsteig gibt es schöne Aussichten. ◀ Auf dem Stellplatz in Zella-Mehlis ▶ Der Stellplatz in Lauscha ist auf einem Parkplatz.

Zella-Mehlis sind es 3,5 Kilometer, zum Waffen- oder Fahrzeugmuseum in Suhl 4,5 Kilometer und zum Tierpark 6,5 Kilometer.
In Mehlis gibt es noch zwei kostenpflichtige, ganzjährig geöffnete Stellplätze mit Stromanschlüssen und Toiletten auf dem Parkplatz am zentral gelegenen Markt in der Peter-Haseney-Straße 12.

STELLPLATZ PARKPLATZ P4 LAUSCHA

ADRESSE: Obermühle 3, 98724 Lauscha Tel. 036702/229 44, touristinfo@lauscha.de, www.lauscha.de
ANFAHRT: Auf der A 73 Ausfahrt 5 Eisfeld-Nord und auf der L 3004 und B 281 nach Osten in Richtung Lauscha. Am Kreisverkehr in Neuhaus am Rennweg rechts auf der Bahnhofstraße und Sonneberger Straße (L 1145) nach Südosten in Richtung Lauscha. Im Ort auf der Straße Henriettental links zum Stellplatz.
GPS: 50.48139, 11.168044
Der kostenfreie, ganzjährig geöffnete Stellplatz liegt zentrumsnah auf einem Parkplatz mit Gasthaus. Der Platz ist kaum beschattet. Zur Bushaltestelle sind es 300 Meter (www.ovg-son.de). Auf dem Platz sind keinerlei Ver- und Entsorgungseinrichtungen. Ein Supermarkt ist zwei Kilometer entfernt. Zum Museum für Glaskunst sind es 500 Meter. Glasbläser finden sich im Umkreis von zwei Kilometern. Nach Neuhaus am Rennweg sind es 4,5 Kilometer.

DIE RHÖN

Eine Region von herber Schönheit

Nebel erzeugen eine mystische Stimmung im Rhöner Schwarzen Moor.

Die Theaterstadt Meiningen ist mit ihren Sehenswürdigkeiten für kulturaffine Menschen ein Höhepunkt. Und in der herrlichen Rhön werden Naturliebhaber, Wanderer und Fotografen glücklich. Der freie Blick über die Rhön sammelt hohe Basaltkuppen, einsame Hochflächen und geheimnisvolle Hochmoore. Nicht wenige bezeichnen die Rhön als das schönste Mittelgebirge Deutschlands.

Einst formten gewaltige Kräfte aus dem Erdinnern und die folgende Erosion die urwüchsige Landschaft der Rhön mit kahlen Basaltkuppen, weiten Hochflächen und Mooren. Das Biosphärenreservat Rhön präsentiert sich in seiner Herrlichkeit auf der Fahrt über die Hochrhönstraße. Doch nur wer sich für eine Wanderung Zeit nimmt, sieht die Weidenröschen, Silberdisteln und vielen Schönheiten der Natur. Stille Wanderer entdecken Rehe, Feldhasen, Wildschweine und Marder. Tausende von Kilometern markierte Wanderwege zeichnen die Rhön als Wanderlandschaft aus. Der Fieberklee, das Wollgras, die Rentierflechte und der winzige Sonnentau in den Mooren kann nur von den Bohlenwegen aus erfasst werden.

GEOLOGIE UND GESCHICHTE

Die Region besteht im Untergrund aus metamorphen Gesteinen des Variszischen Grundgebirges, das total abgetragen wurde. Das Zechsteinmeer überdeckte im Erdzeitalter Perm (bis vor etwa 250 Millionen Jahren) das Gebiet. Vor etwa 25 Millionen Jahren warfen über 500 Vulkane Tuffe und Lavagesteine über die Sedimente. Verwitterungsprozesse formten in der Folge die sanften Kuppen der Rhön.

Jahrhunderte vor Christi Geburt errichteten keltische und germanische Stämme bereits Ringwallanlagen in der damals dicht bewaldeten Rhön. Im Mittelalter entstanden auf den Höhen Burgen zum Schutz der Orte und Handelsstraßen. Im späten 19. Jahrhundert entwickelte sich eine magere Steinbruch- und Bergbauindustrie. Dennoch blieb die Rhön bis zum Beginn des 20. Jahrhunderts von Armut geprägt. Das Kerngebiet bildet heute das Biosphärenreservat Rhön, die Grundlage für den sanften Tourismus. Thüringen, Hessen und Bayern haben ihren Anteil an der schönen Rhön, daher beschränken wir die Ausflugsziele im Folgenden nicht nur auf Thüringen.

13

Tipp

Das **Schwarze Moor** an der Hochrhönstraße liegt dicht über der Thüringer Grenze in Bayern. Ein 2,5 Kilometer langer **Moorlehrpfad** mit Aussichtsturm schlängelt sich durch das Gebiet. Fieberklee, Wollgras und das violette Sumpfblutauge säumen die Bohlenwege, und vielleicht ist aus der Ferne das Kullern des seltenen Birkhuhns zu hören. Das Schwarze Moor zählt zu den bedeutendsten Hochmooren Europas. Die **Informationsstelle** am Moor bietet Informationsmaterial. Dort gibt es auch einen Imbiss. www.biosphaerenreservat-rhoen.de

BERG DER FLIEGER

Im Bundesland Hessen ist die **Wasserkuppe** mit 950 Metern der »Berg der Flieger« und höchste Berg der Rhön. Hier sind charakteristische **Borstgraswiesen** zu finden, auf denen seltene und streng geschützte Pflanzen wie Seidelbast, Türkenbundlilie und Arnika gedeihen (www.wasserkuppe.net). Die ehemalige **Radarkuppel Radom** auf dem Gipfel der Wasserkuppe ist eine weithin sichtbare Landmarke und bietet mit dem umlaufenden Balkon einen einzigartigen 360°-Rundum-Panoramablick über die Rhön im Dreiländereck von Hessen, Bayern und Thüringen. Die Radarkuppel kann als Museum besichtigt werden (www.radom-wasserkuppe.de).

Der Blick über die Hochflächen der Rhön schweift in weite Fernen.

Von der Wasserkuppe besteht gute Aussicht über die Vulkankuppen.

DEUTSCHES SEGELFLUGMUSEUM Auf der Wasserkuppe wurden Meilensteine der Fliegerei gesetzt. Neben dem Flugplatz befindet sich das Deutsche Segelflugmuseum, in dem historische Segelflugzeuge aus 100 Jahren Fluggeschichte gezeigt werden. www.segelflugmuseum.de

KLOSTER KREUZBERG

Der Kreuzberg in Bayern wiederum weist eine jahrhundertealte Tradition als Wallfahrtsort auf. Das Franziskanerkloster entstand im 17. Jahrhundert. Die Ausstellung im **Bruder Franz Haus** zeigt die Verbindungen zu Franz von Assisi. Seit 1731 besitzt das Kloster eine eigene Brauerei. Daher ist der Kreuzberg heute auch das Ziel von Wallfahrern, die das Bier in der **Klosterschänke** im Sinn haben. Doch auch die herrliche Aussicht zieht Wanderer und Besucher an.

Tipp

Die **Erlebniswelt Rhönwald** nahe Kaltenwestheim bietet neben einer guten Aussicht für Familien verschiedene Erlebnisattraktionen, Spiel- und Mitmachangebote und eine Ausstellung über das Biosphärenreservat Rhön. Im Besucherzentrum »Arche Rhön« wird spielerisch Wissen über die Rhön, das regionale Handwerk und die Geologie vermittelt. www.rhön-aktiv.de

In der Meininger Postgasse stehen einige Fachwerkhäuser.

THEATERSTADT MEININGEN

Zwischen den Höhenzügen der Rhön und dem Thüringer Wald liegt die Theaterstadt Meiningen an der noch jungen Werra. Das fränkische Königsgut Meiningen gab es bereits im Jahr 982, und 1153 erfolgte die Erhebung zur Stadt. Ab 1680 war Meiningen Residenzstadt des Herzogtums Sachsen-Meiningen. Ihre lange Tradition als Theaterstadt begann mit dem Hoftheater im Jahr 1831.

Vom Stell- und Campingplatz am Freizeitzentrum Rohrer Stirn kommen wir bequem mit dem Bus zum Busbahnhof. Ein Spaziergang 500 Meter durch den **Englischen Garten** bringt uns zum Eisteich, vor dem das **Staatstheater** steht. An der Südwestecke des Parks überqueren wir die Marienstraße in die Georgstraße. Am Brunnen auf der schmalen Postgasse rechts ist im Hof des Hauses Georgstraße 20 das **Büchnersche Hinterhaus** zu finden. Das kunstvoll verzierte Fachwerkhaus wurde 1596 erbaut. Weiter auf der Georgstraße kommen wir direkt zum schönen **Marktplatz** mit der doppeltürmigen **Stadtkirche Sankt Marien**, die erstmals im Jahr 1008 erwähnt wurde. Die tausendjährige Baugeschichte zeigt sich in verschiedenen Stilrichtungen, von der ottonischen Vorromanik über die Renaissance bis zur Neogotik. Der Marktplatz ist umgeben von Fachwerkhäusern des 17. und 18. Jahrhunderts und klassizistischen Bürgerhäusern aus dem

19. Jahrhundert. Von der Stadtkirche laufen wir auf der Schlundgasse und Fischergasse nach Westen bis an die Wege vor der Werra und wandern rechts nach Norden. An der Bogenbrücke sind wir hinter dem **Schloss Elisabethenburg** mit den **Meininger Museen** angelangt. Das einstige Wasserschloss aus dem 16. Jahrhundert wurde im 17. Jahrhundert mit einer dreiflügeligen Anlage überbaut (www.meiningermuseen.de).

KIRCHENBURG VON WALLDORF Die bestens erhaltene Kirchenburg von Walldorf mit schönem Ambiente im Klostergarten liegt ein paar Kilometer nördlich von Meiningen. Die mittelalterliche Anlage auf dem Sandsteinfelsen geht auf einen Königshof aus dem Jahr 982 zurück. Erhalten sind im Wesentlichen die Kirche und die Wehrbauten.

NOAHS SEGEL ist ein futuristischer Aussichtsturm mit langer Erlebnisrutsche auf dem 815 Meter hohen Berg Ellenbogen mit weiter Aussicht bis zur Wasserkuppe. Am großen Parkplatz oder am Eisenacher Haus können Wohnmobile gut parken. Ein Naturlehrpfad und viele weitere Wandermöglichkeiten eröffnen sich den Besuchern. www.noahs-segel.de

Der Klostergarten in der Kirchenburg Walldorf ist eine Idylle.

13

KLOSTER VESSRA

Gegenüber den eingefallenen Bergen liegt nahe der Werra das 1131 gegründete ehemalige Chorherrenstift Veßra, das Hauskloster der Henneberger Grafen. Es entwickelte sich zum kulturellen Zentrum im Henneberger Land. Nach der Reformation wurde die Anlage zu einer landwirtschaftlichen Domäne mit berühmtem Gestüt. Innerhalb der Klostermauer befinden sich romanische und gotische Klostergebäude. Hervorzuheben ist die Ruine der spätromanischen **Klosterbasilika Sankt Marien**. Der gotische Turmbau stammt aus dem 13. Jahrhundert. Daneben gibt es viele weitere sehenswerte Gebäude, die zum Teil aus dem 16. Jahrhundert, der Zeit des Domänenbetriebs, stammen. Aus dem einmalig erhaltenen Klosterareal wurde das **Hennebergische Museum Kloster Veßra**. Schwerpunkte der Ausstellungen sind die Kloster- und Domänengeschichte, die Geschichte der Landwirtschaft, Volkskunde, ländliche Architektur sowie historische Wild- und Kulturpflanzen. Die geschichtliche und kulturgeschichtliche Eigenständigkeit des Henneberger Landes darzustellen und zu erhalten, ist ein besonderes Anliegen des Museums. Das Vorhandene wurde mit einem **Fachwerkensemble** aus bäuerlichen Häusern und Handwerkergebäuden aus verschiedenen Regionen des Henneberger Landes ergänzt. Zwischen den Fachwerkhäusern sind Gartenanlagen nach historischem Vorbild angelegt. Mit einem spätmittelalterlichen **Heil- und Gewürzkräutergarten** wird der in den Klöstern gepflegte Gartenbau gezeigt.

Die Klosteranlage Veßra wurde im 12. Jahrhundert gegründet.

Wanderweg auf dem eingestürzten Berg über der Stadt Thema

Die elf Kilometer lange **Rundwanderung zum Kloster Veßra** aus dem historischen **Themar** über die **eingefallenen Berge** und in den Werraauen ist eine Tour zu großen Sehenswürdigkeiten. Themar besitzt in der Stadtmauer sieben Türme und bedeutende Fachwerkbauten. Der eingefallene Berg mit seiner Abrisswand aus Wellenkalk ist das größte Bergsturzgebiet Südthüringens. Vom Berg schauen wir auf die Werra und in das Schleusetal zum Kloster Veßra. www.tourenportal-thueringer-wald.de

Tipp

OPPIDUM STEINSBURG Bei Römhild befindet sich in den Gleichbergen das Oppidum Steinsburg, eine befestigte keltische Siedlung. Eine drei Kilometer lange Mauer aus Basalt umschließt eine Fläche von 66 Hektar. Am Fuß der Berge kann man das Steinsbergmuseum mit Artefakten aus der Burg besuchen. Die Anlage ist auf verschiedenen Wanderungen zu erreichen.

AUF EINEN BLICK

Info

STADT/REGION: Meiningen, Rhön, Oberes Werratal
BESTE REISEZEIT: April bis Oktober
OPTIMALE REISEDAUER: 2–3 Tage
TOURISTINFO: Ernestinerstraße 2, 98617 Meiningen, Tel. 03693/446 50, tourist.info@meiningen.de, www.meiningen.de

SEHENSWÜRDIGKEITEN

KIRCHENBURG WALLDORF: www.kirchenburg-walldorf.de
KLOSTER KREUZBERG: www.kloster-kreuzberg.de
KLOSTER VESSRA: www.museumklostervessra.de
MEININGEN: www.meiningen.de
OPPIDUM STEINSBURG: www.steinsburgmuseum.de
RHÖN: www.biosphaerenreservat-rhoen.de, www.rhoen.info
SCHLOSS ELISABETHENBURG: www.meiningermuseen.de

STELLPLATZ FREIZEITZENTRUM ROHRER STIRN MEININGEN

ADRESSE: Gegenüber dem Haus Frankental 48, 98617 Meiningen, Tel. 03693/48 44 21, camping@stadtwerke-meiningen.de, www.stadtwerke-meiningen.de
ANFAHRT: Auf der A 71 Ausfahrt 21 Meiningen-Nord und auf der L 1140 nach Westen Richtung Meiningen.
GPS: 50.56944, 10.434169
Der kostenfreie, ganzjährig geöffnete Stellplatz liegt 1,8 Kilometer östlich vom Marktplatz Meiningen auf einem Parkplatz unterhalb des Campingplatzes an einem Freizeitbad. Der mit Kies und Asphalt befestigte Platz ist teilweise beschattet. 150 Meter zur Bushaltestelle P+R-Platz Messe (www.mbb-mgn.de). Am Stellplatz sind Stromanschlüsse (Nutzung der Ver- und Entsorgungsanlagen auf dem Campingplatz gegen Gebühr). Ein Supermarkt und eine Gaststätte sind einen Kilometer entfernt. Zur Kirchenburg Walldorf sind es mit dem Fahrrad sieben Kilometer und zum Kloster Veßra mit Hennebergischem Museum über die Burgruine Osterburg 26 Kilometer.

▲ Der Parkplatz am Aussichtsturm Noahs Segel ◀ Der Campingplatz Rohrer Stirn ▶ Der Stellplatz am Eisenacher Haus

Außerdem gibt es in Meiningen noch kostenfreie, ganzjährig geöffnete Stellplätze auf dem Parkplatz Volkshausplatz in der Landsberger Straße 1 und auf dem Parkplatz Werrastraße 1e, jeweils ohne Ver- und Entsorgungseinrichtungen.

STELLPLATZ AM EISENACHER HAUS ERBENHAUSEN

ADRESSE: Eisenacher Haus 1, 98634 Erbenhausen,
Tel. 036946/24 79 80, info@primahotel-eisenacherhaus.de,
www.primahotel-eisenacherhaus.de
ANFAHRT: Von Bad Salzungen kommend auf der B 285 nach Süden in Richtung Dermbach und weiter über Kaltennordheim und Kaltensundheim. In Reichenhausen rechts auf der L 1123 und nach einem Wald nochmal rechts zum Eisenacher Haus.
GPS: 50.571946, 10.084161
Der kostenfreie, ganzjährig geöffnete Stellplatz liegt 33 Kilometer westlich von Meiningen auf über 800 Meter Höhe an einem Hotel in der Thüringischen Rhön. Eine Bushaltestelle ist 800 Meter entfernt (www.mbb-mgn.de). Der Kiesplatz ist ohne Schatten. Auf dem Platz sind keine Ver- und Entsorgungseinrichtungen. Ein Restaurant ist am Platz, zu einem Supermarkt ist es elf Kilometer weit. Oberhalb des Platzes befindet sich der Aussichtsturm Noahs Segel. Zum Schwarzen Moor sind es auf der Straße 13 Kilometer, auf die Wasserkuppe 20 Kilometer und zum Kloster auf dem Kreuzberg 32 Kilometer. Guter Ausgangspunkt zur Erkundung der Rhön, für Wanderungen und Fahrradtouren.

DAS WERRATAL

Von schroff bis wildromantisch

Schloss Altenstein wurde 1736 im Stil der englischen Renaissance erbaut.

14

Die Werra prägt mit ihrem besonderen Charme die Landschaft. Gerade im mittleren Werratal weist der Fluss noch naturnahe Gewässerstrecken auf. Fachwerkhäuser in den historischen Dörfern und Städten und die romantische Natur am Fluss gestalten das Werratal zu einem wahrhaft lieblichen Landstrich.

Seit dem 16. bis ins 20. Jahrhundert wurden auf der Werra auf Flößen Holz vom Thüringer Wald und Salz von Bad Salzungen transportiert. Die ehemalige Kaliindustrie entsorgte ihre salzigen Abwässer lange Zeit in die Werra, was zur Schädigung des Flussökosystems führte. Doch die Wasserqualität erholt sich wieder.

Die schöne Werra wird heute vor allem touristisch genutzt. Wasserwanderer gleiten in ihren Booten auf dem Fluss hinab, und Radwanderer nutzen den 300 Kilometer langen **Werratal-Radweg** zu ihrem Genuss. Der 500 Kilometer lange **Werra-Burgen-Steig** bietet fast grenzenlose Wanderlust (www.werratal.de, www.werratal-tourismus.de). Viele Dörfer und Städte an der Werra liegen auch an der **Deutschen Fachwerkstraße** und vervollständigen durch ihren Charme die Urlaubsfreuden (www.deutsche-fachwerkstrasse.de).

GESCHICHTSTRÄCHTIGES SCHMALKALDEN

Das liebevoll restaurierte Fachwerkstädtchen Schmalkalden ist der geschichtsträchtigste Ort im Werratal. In der Stadt sind mehr als 1000 Jahre Bau- und Kulturgeschichte zu finden. Schmalkalden beeindruckt Geschichtsinteressierte, Kunstliebhaber und Naturfreunde gleichermaßen, da die Stadt von Wäldern und Bergwiesen umgeben ist.

Villa Smalcalta wurde erstmals in einer Urkunde im Jahr 874 genannt und 1250 als Stadt erwähnt. Die größte geschichtliche Bekanntheit erlangte die Stadt 1531 durch den Schmalkaldischen Bund, in dem sich die protestantischen Reichsstände gegen Kaiser Karl V. zusammenschlossen, was schließlich im Schmalkaldischen Krieg endete. 1537 legte Martin Luther die »Schmalkaldischen Artikel« vor, die später zur Bekenntnisschrift der evangelischen Kirche wurden.

Vom Wohnmobilstellplatz ist es zum Altmarkt im Zentrum der Stadt nur einen Kilometer weit, aber es fahren auch Busse. Der mittelalterliche Alt-

14

stadtkern besitzt überwiegend Fachwerkbauten aus dem 16. bis 18. Jahrhundert, die von einer Stadtmauer umgeben sind. Entdecker finden kleine verträumte Plätze und Gassen. Auf der Bahnhofstraße, Haindorfsgasse und Auergasse an der Touristinfo vorbei kommen wir zum **Altmarkt**, der von schmucken Fachwerkhäusern und steinernen Kemenaten umgeben ist. Das **Rathaus** besteht aus drei Häusern in verschiedenen Baustilen. Der mittlere Bau aus dem Jahr 1419 entstammt einer steinernen Kemenate. Das nördliche Gebäude zeigt spätgotische Bauteile, und der südliche Bau entstand 1905. Die **Todenwarthsche Kemenate** im östlichen schmalen Ende des Altmarktes stammt aus dem 16. Jahrhundert. Die spätgotische **Stadtkirche Sankt Georg** begrenzt den Platz im Norden. Die 1570 vollendete Hallenkirche wird zu den schönsten Kirchen Thüringens gezählt. Besonders beeindruckend ist das herrliche Netzgewölbe.
Vom Altmarkt gehen wir in der Mohrengasse und in der Steingasse über den Lutherplatz zum **Schloss Wilhelmsburg** auf dem Schlossberg hinauf. Die Anlage wurde bis 1590 an Stelle einer früheren Burg erbaut und ist eine Perle der Renaissance. Vom Schlossgarten schauen wir über die Dächer

◀ Die spätgotische Stadtkirche Sankt Georg ... ▶ ... mit schönem Netzgewölbe

Die Aussicht vom Schloss Wilhelmsburg bietet besondere Einblicke.

der Altstadt. Im Innern sind herrliche Wandmalereien und Stuckarbeiten zu sehen. Außer den repräsentativen Räumen zeigt das Museum Ausstellungen zur Renaissance und Reformation. In der Schlosskapelle steht eine Orgel mit Holzpfeifen aus dem Jahr 1589. Sie ist eine der ältesten heute noch spielbaren Holzorgeln Europas (www.museumwilhelmsburg.de).

TECHNISCHES DENKMAL NEUE HÜTTE Das Technische Denkmal Neue Hütte aus dem Jahr 1535 ist ein Zeugnis der Vergangenheit der Stadt Schmalkalden. Reiche Erzvorkommen, Bergbau und eisenverarbeitendes Handwerk waren die Grundlage für den Reichtum Schmalkaldens. Durch ihre eisernen Produkte war die Stadt schon im Mittelalter weit und breit bekannt. www.hochofenmuseum.de

BREITUNGEN

Breitungen liegt auf der Europäischen Kulturstraße, weil die romanische Klosterbasilika aus dem 12. Jahrhundert an der Straße Schloß etwas Besonderes darstellt. Wenn auch ein Teil nach einem Brand niedergelegt wurde, ist doch der kulturhistorisch bedeutsame Wert erkennbar. Das Schloss Herrenbreitungen geht auf das Jahr 750 zurück. Auf den Resten des Klosters wurde 1560 das neue Renaissanceschloss errichtet, von dem sich allerdings nur ein Teil erhalten hat. Am Marktplatz steht die spätgotische Saalkirche Sankt Marien aus dem Jahr 1616.

◀ Der fotogene Trusetaler Wasserfall ▶ Kurioses Häuschen im Park Altenstein

Tipp

Ein schönes Ausflugsziel im Thüringer Wald führt zum 58 Meter hohen **Trusetaler Wasserfall**. Die künstliche Kaskade wurde Mitte des 19. Jahrhunderts ganz bewusst zur Steigerung des Tourismus angelegt. Neben dem Wasserfall ist vor allem für Familien mit Kindern auch der Besuch des **Zwergenparks** mit Besuchereisenbahn (von April bis Oktober) ein lohnenswertes Ziel. www.tourismus.brotterode-trusetal.de, www.zwergen-park.de

KURSTADT BAD LIEBENSTEIN

Die **Burg Liebenstein** aus dem Jahr 1316 steht als Ruine im Wald versteckt über dem Ort. Zu Beginn des 17. Jahrhunderts wurden die eisen- und salzhaltigen Quellen das erste Mal gefasst. Damit ist Bad Liebenstein eines der ältesten Kurbäder Thüringens (www.bad-liebenstein.de).

Schloss und Park Altenstein gehören zum Stadtgebiet von Bad Liebenstein und sind sicher die bedeutendste Sehenswürdigkeit dort. Das Schloss wurde 1736 im Stil der englischen Spätrenaissance als Sommerresidenz der Meininger Herzöge erbaut. Ein malerischer Landschaftspark mit Chinesischem Häuschen, Felsfiguren und Blumenbeeten umgibt das Schloss. Um alle sagenhaften Felsen, Aussichtspunkte, alten Bäume und Sehenswürdigkeiten zu erfassen, kann man im Schlosspark schon zehn Kilometer unterwegs sein. Es lohnt sich, denn der 160 Hektar große Landschaftspark zählt zu den schönsten in Deutschland. Für diese Unternehmung ist ein Tag mit Nebel gerade richtig. Überraschende Baumgestalten und Zechstein-Rifffelsen erzeugen fast gespenstische Erscheinungen und mystische Stimmungen.

14

SOLE-STADT BAD SALZUNGEN

In einer herrlichen Landschaft im Werratal zwischen Thüringer Wald und Rhön liegt die Stadt Bad Salzungen. Der Name ist Programm – in einem Dokument aus dem Jahr 775 wird eine *Villa Salsunga* in Verbindung mit Siedeanlagen und abhängigen Ortschaften genannt. Der Ort muss also bereits viel älter sein. Ausgegrabene Artefakte zeigen, dass hier schon vor über 2500 Jahren keltische Stämme Salz gesiedet haben. Der römische Geschichtsschreiber Tacitus schreibt von einem Kampf im Jahr 58 n. Chr. um die Salzquellen. Im Jahr 1289 erhielt Salzungen das Stadtrecht. Besonders im 14. Jahrhundert nahm die Salzgewinnung einen starken Aufschwung. Auf jeden Fall ist Bad Salzungen einer der ältesten Orte Thüringens und eines der ältesten Soleheilbäder Deutschlands.

Nahe dem Wohnmobilstellplatz befinden sich einige wichtige Sehenswürdigkeiten von Bad Salzungen. Vor dem modernen Bad »Solewelt« (www.solewelt.de) stehen der **Solebohrturm** aus dem Jahr 1869 und das **Museum am Gradierwerk**.

Der Landschaftspark Altenstein gehört zu den schönsten in Deutschland.

14

MUSEUM AM GRADIERWERK Schwerpunkt der Ausstellung ist die Entstehung und Gewinnung des »Weißen Goldes« aus der über 1200 Jahre alten Salinengeschichte. Im Museumsgarten erleben Besucher im Siedehaus, wie über Feuer reines Siedesalz gewonnen wird. www.museum-badsalzungen.de

Neben dem Museum befinden sich die historischen **Gradierwerke** mit dem wundervollen, im hennebergisch-fränkischen Fachwerkstil errichteten **Mittelbau** aus dem Jahr 1801. Erneuerungen wurden akribisch an alte Formen angelehnt. Gradierwerke baute man in Bad Salzungen seit 1590. An den Wänden rieselt über Schwarzdornzweige die Sole. So wird durch Verdunstung die Sole konzentrierter, und beim Sieden konnte Holz eingespart werden. 1843 fand man bei einer Bohrung gesättigte Sole, sodass die Gradierwerke für die Salzgewinnung nicht mehr nötig waren. Danach wurden sie nur noch für die gesundheitliche Wirkung durch die Inhalation benutzt (www.gradierwerk-badsalzungen.de).

Am Gradierwerk in Bad Salzungen befinden sich herrliche Fachwerkbauten.

Der Burgsee bildet einen schönen Akzent in Bad Salzungen.

Am Bahnübergang nach Süden, am Parkplatz auf dem Nappenplatz vorbei, geht es in Richtung Zentrum. Der Name des Platzes geht auf die »Nappen« zurück, große Siedepfannen, in denen die Sole verkocht wurde. Weiter auf der Michaelisstraße betreten wir das Stadtzentrum. Bemerkenswerte Fachwerkhäuser und Teile der alten Stadtmauer verleihen Bad Salzungen eine gemütliche Atmosphäre. Am Marktplatz steht das schlichte barocke **Rathaus** von 1790. Südöstlich vom Markt ragt der Turm der Stadtkirche Sankt Simplicius aus dem 18. Jahrhundert empor, und im Süden breitet sich der **Burgsee** aus. Zahlreiche Sagen über Nixen ranken sich um den See, an dem die Reste der ehemaligen **Schnepfenburg** aus dem 12. Jahrhundert liegen. Der **Haunsche Hof** am Nordende des Sees stammt aus dem 14. Jahrhundert.

Im Westen der Stadt ist am Friedhof in der Leimbacher Straße die Ruine der **Husenkirche** zu finden. Es ist der älteste Kirchenbau im Werratal. Im 8. Jahrhundert gab es hier schon eine Holzkirche. Die heute zu sehenden Reste stammen aus dem Jahr 1161. Unter dem Kirchenschiff wurden zudem Reste einer bronzezeitlichen Siedlung gefunden.

ALTE HANDELSSTADT VACHA

Vacha ist eine Empfehlung für historisch interessierte Besucher. Die Stadt an der Deutschen Fachwerkstraße hat eine alte Bausubstanz vorzuzeigen. Kirche, Burg und Stadtmauer stammen aus dem 12. Jahrhundert. Für das nette Fachwerkstädtchen im lieblichen Werratal war der Fluss schon immer

Die Steinbogenbrücke über die Werra bei Vacha stammt aus dem 14. Jahrhundert.

Segen und Fluch zugleich. Heute bildet er die Grenze zwischen Thüringen und Hessen und war damit früher die innerdeutsche Grenze. Im Stadtgebiet wurden Artefakte aus der Michelsberger Kultur der Jungsteinzeit (4400 bis 3500 v. Chr.) ausgegraben. Auf dem vier Kilometer entfernten Öchsenberg umfassen Steinwälle aus Basalt eine keltische Höhensiedlung (Oppidum), die in der Region eine überragende Bedeutung hatte. Die Schanze auf dem nördlichsten Gipfel der Rhön überwachte Handelsstraßen und Grenzgebiete. Vacha liegt an der alten Fernhandelsstraße »Via Regia« zwischen Frankfurt und Leipzig, was ihr zum Aufstieg verhalf. Der 1186 zur Stadt erhobene Ort war bedeutender Handelsplatz und amtliches und kulturelles Zentrum der Region.

KELTENDORF BEI SÜNNA Sechs Kilometer südlich von Vacha, am Fuß des Öchsenberges, kann man im Keltendorf bei Sünna das Leben in der Eisenzeit vor 2600 Jahren nacherleben. Das mit Holzpalisaden umgebene Dorf ist historisch nachempfunden. Durch das Torhaus betreten wir den Innenbereich mit Langhaus, Handwerker- und Wohnhäusern und überdachter Feuerstätte. www.freies-keltendorf.de

An der B 62 im Norden von Vacha ist vom Parkplatz aus die schöne **Brücke der Einheit** zu sehen, die im Jahr 1342 erbaut wurde. Die romanische **Burg Wendelstein** geht auf das 12. Jahrhundert zurück. In ihren Mauern befindet sich heute das Stadtmuseum. Die Burg diente der Kontrolle des Werra-Übergangs.

Am lang gezogenen **Markt** stehen Fachwerkhäuser aus dem 15. und 17. Jahrhundert. Ein Schmuckstück des hessischen Fachwerkstils ist das 1614 erbaute **Widmarckt-Haus**, das als Rathaus genutzt wird. Das Haus mit der Nummer 11 ist die **Alte Münze** aus dem 12. Jahrhundert. Typisch sind die flachen Dachfenster an der Apotheke, Ochsenaugen genannt, die in der Romanik und Gotik verbaut wurden. Der **Storchenturm** in der Widemarkter Straße wurde erst im 15. Jahrhundert erbaut. Er ist das Wahrzeichen der Stadt und verfügt über eine Web-Cam zur Beobachtung der Störche.

AUF DEN ÖCHSENBERG Die Wanderung vom Keltendorf bei Sünna auf den Öchsenberg ist hin und zurück nur fünf Kilometer weit. Zwar fiel der größte Teil des Walls der keltischen Festung dem Basaltabbau zum Opfer, aber die Aussicht zu den Kuppen der Rhön, das sogenannte »hessische Kegelspiel«, lohnt den Aufstieg. Auch ist die riesige Kalihalde bei Hattdorf und die Stadt Vacha zu sehen. An der großen Basaltbruchwand faszinieren die Basaltsäulen – es ist gleichsam ein Blick ins Innere des Vulkans.

Das Keltendorf bei Sünna ist eine hypothetische Rekonstruktion.

AUF EINEN BLICK

Info

STADT/REGION: Schmalkalden, Bad Salzungen, Werratal
BESTE REISEZEIT: April bis Oktober
OPTIMALE REISEDAUER: 2–3 Tage
TOURISTINFO: Auer Gasse 6–8, 98574 Schmalkalden, Tel. 03683/66 75 00, info@schmalkalden.de, www.schmalkalden.com

SEHENSWÜRDIGKEITEN

BAD SALZUNGEN: www.badsalzungen.de
BREITUNGEN: www.breitungen.de
KELTENDORF SÜNNA: www.freies-keltendorf.de
SCHLOSS UND PARK ALTENSTEIN: www.thueringerschloesser.de
SCHLOSS WILHELMSBURG: www.museumwilhelmsburg.de
SCHMALKALDEN: www.schmalkalden.com
TRUSETALER WASSERFALL: www.tourismus.brotterode-trusetal.de
VACHA: www.vacha.de

STELLPLATZ WESTENDPARK SCHMALKALDEN

ADRESSE: Westendstraße, 98574 Schmalkalden, Tel. 0151/10 12 62 30, info@stadtwerke-schmalkalden.de, www.stadtwerke-schmalkalden.de
ANFAHRT: Auf der A 4 Ausfahrt 39 Eisenach-West und auf der B 19 nach Süden und nach der Brücke über die Schmalkalde rechts auf die L 1026 nach Osten in Richtung Schmalkalden. Im Ort am Kreisverkehr in spitzem Winkel links zum Stellplatz.
GPS: 50.720286, 10.439183

Der kostenpflichtige, ganzjährig geöffnete Stellplatz liegt 900 Meter vom Altmarkt entfernt am Bahnhof und einer Bushaltestelle (www.sued-thueringen-bahn.de, www.mbb-mgn.de, www.nvg-gotha.info). Der asphaltierte Platz ist kaum beschattet. Auf dem Platz gibt es Stromanschlüsse, Ver- und Entsorgungseinrichtungen (nicht im Winter). Ein Supermarkt ist 1,5 Kilometer und eine Gaststätte 100 Meter entfernt. Zum Schloss Wilhelmsburg sind es 1,2 Kilometer. Auf dem Bahntrassen-Radweg Mommelstein gelangt man mit dem

▲ Blick vom Ochsenberg in die Rhön ◀ Der Stellplatz Schmalkalden ist am Bahnhof. ▶ Gut ausgestattet: der Stellplatz in Bad Salzungen

Fahrrad zum 13 Kilometer entfernten Trusetaler Wasserfall und zum Zwergenpark. Zum Besucherbergwerk Finstertal sind es sechs Kilometer.

STELLPLATZ BAD SALZUNGEN

ADRESSE: Am Flößrasen 5, 36433 Bad Salzungen, Tel. 03695/69 34 34, info@sole-reisemobilhafen.de, www.solewelt.de
ANFAHRT: Von Eisenach kommend auf der B 19 nach Süden und bei Gumpelstadt rechts auf der L 1121 nach Westen. In Bad Salzungen rechts auf die August-Bebel-Straße und nochmals rechts auf der Vorderen Teichgasse zum Stellplatz.
GPS: 50.815289, 10.237513
Der kostenpflichtige, ganzjährig geöffnete Stellplatz liegt 500 Meter vom Solebad entfernt an der Werra. Zum Bahnhof und zur Bushaltestelle sind es 500 Meter (www.bahn.de, www.vg-wartburgregion.de). Die Plätze mit Pflaster und Rasengitter sind kaum beschattet. Auf dem Platz sind Stromanschlüsse, Ver- und Entsorgungseinrichtungen vorhanden. Ein Supermarkt ist 700 Meter, Gaststätten sind 100 Meter entfernt. Auf dem Werratal-Radweg gelangt man nach 27 Kilometern nach Meiningen. Zum Keltendorf Sünna sind es 23 Kilometer, zum Trusetaler Wasserfall und Zwergenpark 18 Kilometer. Am Platz befindet sich eine Kanu-Anlegestelle.

RUND UM EISENACH & DIE WARTBURG

Quell deutscher Geschichte und Kultur

Blick von der Steinernen Brücke in Creuzburg in die Werraauen

15

In Eisenach begegnen Besucher dem Leben und Wirken des Reformators Martin Luther und des Komponisten Johann Sebastian Bach. In der tausend Jahre alten Wartburg zeigt sich die Geschichte wie an keinem anderen Ort in Deutschland. Auch deshalb gehört sie zum UNESCO-Welterbe.

Zwischen Werratal, Thüringer Wald und Rhön liegt ein reizvoller Landstrich. In der Werra-Wartburgregion begeistern das malerische Hügelland der Werraauen und die Dörfer und Städte mit ihren historischen Siedlungskernen, die an der Deutschen Fachwerkstraße liegen. In der Welterbe-Region Wartburg-Hainich ist auch der Urwald nicht weit, der ab Seite 51 genauer beschrieben wird.

BACH- UND LUTHERSTADT EISENACH

Epochale Kultur und Geschichte ist in Eisenach mit seinen Denkmälern, Museen und historischen Gebäuden eine unübersehbare Größe. Doch die Wartburgstadt präsentiert sich auch vielseitig im urbanen Raum und in der umgebenden Natur der Werra-Wartburgregion. Lustwandeln am Prinzenteich oder eine Abenteuertour durch die Drachenschlucht hinauf zur Hohen Sonne sind interessante Erlebnisse in Eisenach.
Der Handelsweg Hohe Straße führte im 7. Jahrhundert von Frankreich über Eisenach und später bis Polen. Im Jahr 1080 wurde die Wartburg erstmals urkundlich genannt. Sie war Ausgangspunkt der Entwicklung Eisenachs, das 1387 die Stadtrechte erhielt. Ab dem 18. Jahrhundert entfaltete sich die Stadt zur Kulturstadt und wurde in der zweiten Hälfte des 19. Jahrhunderts schließlich zum Anziehungspunkt für betuchte Zeitgenossen. Daher gibt es in Eisenach eines der größten Villenviertel Deutschlands.
Vom Stellplatz in der Karl-Marx-Straße auf der Clemdastraße nach Süden, am **Landestheater Eisenach** vorbei geradeaus weiter und auf der Karlstraße rechts kommen wir zum **Markt**. Dort stehen die **Georgenkirche** aus dem 12. Jahrhundert und das **Stadtschloss**. In der Georgenkirche wirkten sowohl Martin Luther als auch Johann Sebastian Bach. Das spätbarocke Stadtschloss diente einst als herzogliche Residenz. Heute präsentiert das **Thüringer Museum Eisenach** in den prächtigen Räumen seine Sammlungen. Am Markt ist auch das spätgotische **Rathaus** das im Kern aus dem Jahr 1508 stammt. Nach Umbauten zeigt es nun Renaissanceformen.

15

LUTHERHAUS Ein Abstecher von der Georgenkirche nach Süden bringt uns zum Lutherhaus am Lutherplatz 8. Es soll das älteste Fachwerkhaus Thüringens sein. In dem Haus lebte nach der Überlieferung Luther während seiner Schulzeit. Das Museum im Lutherhaus stellt ihn als Schüler, Reformator und Bibelübersetzer vor. www.lutherhaus-eisenach.com

Vom Markt gehen wir auf der Seite des Stadtschlosses auf der Georgenstraße weiter nach Nordwesten zur Stadtbibliothek auf der linken Seite, die im historischen **Hellgrevenhof** untergebracht ist. Mit dem Entstehungsjahr 1260 ist es das älteste Bürgerhaus Eisenachs. Dahinter laufen wir an den Resten des Storchenturms und an der Kreuzkirche vorbei auf einem Weg nach Südosten. Auf dem Hainweg und dann der Domstraße bleiben wir immer geradeaus und gehen am Frauenplan links. Das Haus mit der Nummer 21 ist das **Bachhaus**.

◀ Im Lutherhaus ist ein Museum eingerichtet. ▶ Bach-Denkmal am Frauenplan

Das Denkmal für Luther steht in Eisenach am Karlsplatz.

BACHHAUS Das Bachhaus in Eisenach ist das weltweit größte Museum, das dem berühmten Komponisten der Barockzeit und seinem Werk gewidmet ist. Hier finden stündlich Lifekonzerte auf historischen Instrumenten statt. Das Haus beherbergt außerdem eine Sammlung alter Musikinstrumente und eine umfangreiche Bibliothek samt Archiv. www.bachhaus.de

Vom Bachhaus am Frauenplan laufen wir nun auf der Straße Frauenberg nach Norden über den Johannisplatz, an dessen Ende rechts mit der Nummer 9 das nur 2,05 Meter schmale Fachwerkhaus mit dem treffenden Namen »Handtuch« zu sehen ist. An der Straßengabelung bleiben wir rechts auf der Johannisstraße und stehen auf dem Karlsplatz nach dem Luther-Denkmal vor der **Nikolaikirche** und vor dem **Nikolaitor**. Die Nikolaikirche ist eine beachtenswerte romanische Basilika aus dem 12. Jahrhundert. Das Nikolaitor war einst Teil der Stadtbefestigung. Vom Karlsplatz auf der Alexanderstraße nach Westen und auf der Querstraße rechts geht es am Theater vorbei zum Stellplatz zurück.

Die Wartburg ist die wohl bekannteste Burg Deutschlands.

ZUR WARTBURG

Es gibt in Eisenach natürlich noch viel mehr zu sehen und zu erleben. Die größte Sehenswürdigkeit ist aber die Wartburg. Wer kann, sollte die zwei Kilometer vom Markt zur Burg hinaufwandern. Aber es fahren auch Busse nach oben. Die Wartburg wurde im 11. Jahrhundert begründet. Der im 12. Jahrhundert als Wohn- und Residenzgebäude errichtete Palas zählt zu den schönsten romanischen Profanbauten nördlich der Alpen. Im Mittelalter war die Wartburg Residenz und Musenhof der kunstsinnigen Thüringer Landgrafen und ein Zentrum hochmittelalterlichen Dichtens und Minnesangs. Ende des 12. Jahrhunderts entstanden hier Lieder Walthers von der Vogelweide und Dichtungen Wolframs von Eschenbach. Von 1211 bis 1228 lebte die heilige Elisabeth auf der Wartburg. Der sagenhafte Sängerkrieg auf der Wartburg soll im 13. Jahrhundert stattgefunden haben. Die Minnesänger Walther von der Vogelweide und Wolfram von Eschenbach weilten in dieser Zeit mehrmals auf der Wartburg. Es gibt tatsächlich eine Sammlung mittelhochdeutscher Sang-Spruch-Gedichte aus dem 13. Jahrhundert, die sich auf den angeblichen Dichterwettstreit beziehen. Richard Wagner sollte viel später in seiner Oper »Tannhäuser« den Stoff verarbeiten.

15

1521 verbrachte Martin Luther, versteckt als »Junker Jörg«, zehn Monate auf der Wartburg und schuf mit der Übersetzung des Neuen Testaments die Grundlage für eine einheitliche deutsche Schriftsprache. Die **Lutherstube**, Wohn- und Arbeitsraum des Reformators, ist die Geburtsstätte der Lutherbibel. Das Wartburgfest im Jahr 1817 war eine Sternstunde der Vision von einem deutschen Nationalstaat und deutscher Demokratiegeschichte. Das **Wartburgmuseum** beherbergt heute eine Sammlung von Kunstschätzen aus acht Jahrhunderten. Zu sehen sind Bildteppiche, Plastiken von Tilman Riemenschneider, weltberühmte Werke aus der Hand Lucas Cranachs d. Ä. und wertvolles Mobiliar.

Tipp

Eine Wanderung durch die wildromantische **Drachenschlucht** wird zum unvergesslichen Erlebnis. 250 Millionen Jahre hatte das Wasser Zeit, die Klamm in die Felsen zu schneiden. Sie verengt sich bis auf 68 Zentimeter Breite. Die glitzernden Wassertropfen auf den Moosen schaffen magische Stimmungen. Man kann in der Landgrafenschlucht wieder hinabsteigen. Vom Mariental in Eisenach ergibt die Rundtour etwa acht Kilometer Abenteuer.

In der Wartburg wurde deutsche Geschichte geschrieben.

15

CREUZBURG

Auch das nördlich von Eisenach gelegene Werrastädtchen Creuzburg ist reich an Sehenswürdigkeiten. Hohe Kalksteinwände begrenzen die üppige Natur in den Werraauen und den Werratalradweg. Über dem Ort thront die mittelalterliche **Burg Creuzburg**. Die Burganlage auf dem Felsen über der Kleinstadt wurde im 12. Jahrhundert angelegt. Sie zählt zu den größten romanischen Burganlagen Deutschlands. In ihren Mauern lebte Anfang des 13. Jahrhunderts die Landgräfin von Thüringen, die später heiliggesprochene Elisabeth. Der Innenhof und ein Museum können besichtigt werden.

Im Jahr 1223 ließ Landgraf Ludwig IV. für den Handelsweg »Via Regia« die siebenbogige **Steinerne Brücke** über die Werra bauen. Sie ist die älteste Steinbogenbrücke nördlich des Mains. 1945 wurde die Brücke gesprengt, aber wiederaufgebaut. Ein kunsthistorisches Kleinod ist die **Liboriuskapelle** an der Brücke. Die Pilgerkapelle wurde 1499 im spätgotischen Stil errichtet. Die wertvollen Wandmalereien wurden 1520 angebracht. Die Brücke und die Kapelle sind ein Ensemble von besonderem Reiz und ein bedeutendes Zeugnis mittelalterlicher Baukunst.

Stimmungsvoller Blick von der Creuzburg

Über die steinerne Brücke in Creuzburg verlief einst die Via Regia.

KLEINOD TREFFURT

»Drei Furten« durch die Werra gaben der über 900 Jahre alten Stadt ihren Namen. In Treffurt gibt es rund 250 Fachwerkhäuser im hessisch-thüringischen Baustil; viele davon sind vortrefflich renoviert, allen voran das **Rathaus** am Markt. Das herrliche Fachwerkhaus im Stil der Renaissance mit den schönen Schnitzereien an der Freitreppe stammt aus dem 16. Jahrhundert, ebenso das Fachwerkhaus in der **Kirchstraße 31**. Es ist ein besonderes Schmuckstück, das die große Handwerkskunst vergangener Zeiten repräsentiert.

Über den Dächern der Stadt thront die **Burg Normannstein** aus dem 12. Jahrhundert. Sie eröffnet einen Blick ins Mittelalter, und die herrliche Aussicht macht Lust auf Streifzüge in die Umgebung. In der Burg mit ihren drei markanten Türmen wachten die Herren von Treffurt über Stadt und Land. Das Museum bietet spannende Einblicke in den Lebensalltag des Mittelalters.

ADOLFSBURG Von der Burg Normannstein Richtung Westen kommt man nach einem Kilometer Spaziergang zum Aussichtspavillon auf der Adolfsburg. Dort bietet sich ein wunderbarer Blick über das Werratal und hinüber zum Heldrastein. Auf der Adolfsburg stand übrigens nie wirklich eine Burg. Heute ist die Stelle ein beliebtes Wanderziel mit Pavillon.

AUF EINEN BLICK

Info

STADT/REGION: Eisenach, Werratal
BESTE REISEZEIT: April bis Oktober
OPTIMALE REISEDAUER: 2–3 Tage
TOURISTINFO: Markt 24, 99817 Eisenach, Tel. 03691/792 30, info@eisenach.info, www.eisenach.info

SEHENSWÜRDIGKEITEN

CREUZBURG: www.creuzburg-online.de
DRACHENSCHLUCHT: www.drachenschlucht-eisenach.de
EISENACH: www.eisenach.de
TREFFURT: www.treffurt.de
WARTBURG: www.wartburg.de
BACHHAUS EISENACH: www.bachhaus.de
WERRABRÜCKE CREUZBURG: www.creuzburg-online.de
LIBORIUSKAPELLE CREUZBURG: www.liboriuskapelle.de

STELLPLATZ EISENACH

ADRESSE: Karl-Marx-Straße 40, 99817 Eisenach, Tel. 03691/792 30, info@eisenach.info, www.eisenach.info
ANFAHRT: Auf der A 4 Ausfahrt 40a Eisenach-Ost und auf der B 84 und B 19 nach Westen, durch die Unterführung Clemdastraße links und nächste Kreuzung wieder links zum Stellplatz.
GPS: 50.978614, 10.323891
Der kostenpflichtige, ganzjährig geöffnete Stellplatz liegt 800 Meter vom Marktplatz entfernt nahe der Bahnlinie. Der asphaltierte Platz ist teilweise beschattet. 400 Meter zur Bushaltestelle (www.vg-wartburgregion.de). Auf dem Platz sind Stromanschlüsse und Ver- und Entsorgungseinrichtungen. Ein Supermarkt ist am Platz, Restaurants befinden sich in 300 Meter Entfernung. Zur Wartburg sind es zu Fuß durch die Altstadt 2,5 Kilometer. Der Bus Linie 3 fährt zur Wartburg und zur Drachenschlucht.
In Eisenach gibt es noch einen Stellplatz am Museum Automobile Welt Eisenach am Heinrich-Erhardt-Platz und auf dem Parkplatz P 2 Mariental 1.

◀ Die Drachenschlucht bei Eisenach ist ein herrliches Naturdenkmal.

▲ ▼ Der Stellplatz in Eisenach hat eine relativ ruhige Lage.

CAMPINGPLATZ AM TOR ZUM HAINICH

ADRESSE: Am Hainich 22, 99991, Weberstedt, Tel. 036022/986 90, info@camping-hainich.de, www.camping-hainich.de

ANFAHRT: Von Bad Langensalza kommend auf der L 1042 über Zimmern und Alterstedt nach Westen. An der T-Kreuzung links nach Weberstedt. Am Beginn des Ortes auf der Hainichstraße links zum Campingplatz.

GPS: 51.102509, 10.50887

Der von März bis November geöffnete Campingplatz liegt direkt an der Grenze zum Nationalpark Hainich. Ein Kilometer zur Bushaltestelle (www.regionalbus.de). Auf dem Platz sind Sanitäranlagen, Duschen, Stromanschlüsse und Ver- und Entsorgungseinrichtungen. Ein Gasthaus ist einen Kilometer entfernt und ein Supermarkt 2,5 Kilometer. Zum Baumkronenpfad sind es 2,8 Kilometer, zum Opfermoor Niederdorla zehn Kilometer, zum Wildkatzendorf zwölf Kilometer. Nach Eisenach sind es 36 Kilometer, nach Bad Langensalza 12 Kilometer und in das mittelalterliche Mühlhausen 18 Kilometer. Vom Campingplatz haben Wanderer und Radfahrer direkten Zugang in den Nationalpark Hainich.

Orts- und Sachregister

CAMPING- UND STELLPLÄTZE

IMPRESSUM

Verantwortlich: Kerstin Thiele
Lektorat: Helga Peterz
Layout- und Umschlaggestaltung:
Helene Schumacher
Satz: Silke Schüler
Repro: LUDWIG:media
Kartografie: Huber Kartografie
Herstellung: Alexander Knoll
Printed in Poland by CGS Printing

Unser komplettes Programm
finden Sie unter

www.bruckmann.de

★★★★★

Sind Sie mit diesem Titel zufrieden? Dann würden wir uns über Ihre Weiterempfehlung freuen. Erzählen Sie es im Freundeskreis, berichten Sie Ihrem Buchhändler, oder bewerten Sie bei Onlinekauf. Und wenn Sie Kritik, Korrekturen, Aktualisierungen haben, freuen wir uns über Ihre Nachricht an Bruckmann Verlag, Postfach 40 02 09, D-80702 München oder per E-Mail an lektorat@verlagshaus.de.

Alle Angaben dieses Reiseführers wurden von den Autoren sorgfältig recherchiert sowie vom Verlag geprüft. Für die Richtigkeit der Angaben kann jedoch keine Haftung übernommen werden, weshalb die Nutzung auf eigene Gefahr erfolgt. Insbesondere bei GPS-Daten können Abweichungen nicht ausgeschlossen werden. Bei Links auf Webseiten Dritter machen wir uns die Inhalte derselben nicht zu eigen und übernehmen für diese keine Haftung.

Aus Gründen der besseren Lesbarkeit verwenden wir in diesem Buch das generische Maskulinum. Weibliche und anderweitige Geschlechter-Identitäten werden dabei ausdrücklich mitgemeint, soweit es für die Aussage erforderlich ist.

Bildnachweis: Alle Bilder im Innenteil stammen von Rainer D. Kröll mit Ausnahme von 14: Erfurt Tourismus; 17–21: Stadtverwaltung Erfurt; 40: Marienglashöhle Friedrichroda; 43 r. u.: Campingplatz Drei Gleichen; 52: B. Bawey; 66: H. Kolbe; 69: M. Dapper; 118: Feengrotten/F. Trykowski; 119: Saalfeld Tourismus/M. Milzow; 120: lookphotos/Böttcher, Ulf; 121: shutterstock/ArTono; 162: B. Zinke; Illustrationen: Tiwat K/Shutterstock: passim

Umschlagvorderseite: lookphotos/Beckert, Marcus; Blick auf das Alte Schloss im Schlosspark der Dornburger Schlösser bei Jena
Umschlagrückseite: mauritius images/Dennis Schmelz; Drei Gleichen, Thüringen

Die Deutsche Nationalbibliothek verzeichnet diese Publikation in der Deutschen Nationalbibliografie; detaillierte bibliografische Daten sind im Internet über http://dnb.d-nb.de abrufbar.

© 2024 Bruckmann Verlag GmbH, Infanteriestraße 11a, 80797 München

ISBN 978-3-7343-2989-0